ESCOLA REFLEXIVA E
NOVA RACIONALIDADE

E74   Escola reflexiva e nova racionalidade / organizado por
       Isabel Alarcão. — Porto Alegre : Artmed Editora, 2001.
       144 p. : il. ; 23 cm.

       ISBN 978-85-7307-861-9

       1. Educação – Escola reflexiva – Métodos de investigação
       educativa. – I. Alarcão, Isabel. II. Título.

       CDU   37.012

Catalogação na publicação: Mônica Ballejo Canto – CRB 10/1023

ESCOLA REFLEXIVA E NOVA RACIONALIDADE

ISABEL ALARCÃO
ORGANIZADORA

Reimpressão 2007

artmed®

2001

© Artmed Editora S.A., 2001

Capa
Mário Röhnelt

Preparação do original
Elisângela Rosa dos Santos

Supervisão editorial
Mônica Ballejo Canto

Projeto gráfico
Editoração eletrônica
Roberto Vieira – Armazém Digital

Reservados todos os direitos de publicação, em língua portuguesa, à
ARTMED® EDITORA S.A.
Av. Jerônimo de Ornelas, 670 - Santana
90040-340 Porto Alegre RS
Fone (51) 3027-7000 Fax (51) 3027-7070

É proibida a duplicação ou reprodução deste volume, no todo ou em parte, sob quaisquer formas ou por quaisquer meios (eletrônico, mecânico, gravação, fotocópia, distribuição na Web e outros), sem permissão expressa da Editora.

SÃO PAULO
Av. Angélica, 1091 - Higienópolis
01227-100 São Paulo SP
Fone (11) 3665-1100 Fax (11) 3667-1333

SAC 0800 703-3444

IMPRESSO NO BRASIL
PRINTED IN BRAZIL
Impresso sob demanda na Meta Brasil a pedido de Grupo A Educação.

Autores

Isabel Alarcão (organizadora). Doutora em Educação pela Universidade de Liverpool (Reino Unido). Vice-Reitora da Universidade de Aveiro, Portugal. Professora catedrática, escreve sobre a teoria e a prática da supervisão. Sua contribuição para a conceitualização do papel da didática na formação de professores é amplamente conhecida.

Idália Sá-Chaves. Doutora em Supervisão pela Universidade de Aveiro (Portugal), onde leciona e desenvolve relevante trabalho de conceitualização de modelos de prática pedagógica, investiga os processos de construção do conhecimento profissional dos professores e as práticas de supervisão em contexto reflexivo.

Iria Brzezinski. Doutora em Educação pela Universidade de São Paulo (USP). Professora titular na Universidade Católica de Goiás e pesquisadora na UnB, é Vice-Presidente da ANPED. Pela sua formação de base em ciências sociais, os seus escritos revelam um olhar crítico sobre os problemas da educação e da profissionalização docente.

José Tavares. Doutor em Filosofia pela Universidade de Lovaina (Bélgica). Leciona Psicologia da Educação na Universidade de Aveiro, onde é professor catedrático e coordenador da Unidade de Investigação sobre "A Construção do Conhecimento Pedagógico nos Sistemas de Formação". Os seus interesses atuais também centram-se na ciência cognitiva e na neurociências.

Maria do Céu Roldão. Doutora em Teoria e Desenvolvimento Curricular pela Simon Fraser University, Vancouver, Canadá. Professora coordenadora na Escola Superior de Educação do Instituto Politécnico de Santarém. É conhecida pela sua investigação no domínio do currículo, nomeadamente a gestão flexível do currículo.

Sumário

Introdução 9

1 A Escola Reflexiva 15
Isabel Alarcão

2 Relações Interpessoais em uma Escola Reflexiva 31
José Tavares

3 Fundamentos Sociológicos, Funções Sociais e
Políticas da Escola Reflexiva e Emancipadora:
Algumas Aproximações 65
Iria Brzezinski

4 Informação, Formação e Globalização: Novos ou
Velhos Paradigmas? 83
Idália Sá-Chaves

5 Paradigmas de Formação e Investigação no
Ensino Superior para o Terceiro Milênio 97
José Tavares e Isabel Alarcão

6 A Mudança Anunciada da Escola ou um
Paradigma de Escola em Ruptura? 115
Maria do Céu Roldão

7 Novas Tendências nos Paradigmas de Investigação
em Educação 135
Isabel Alarcão

Introdução

Entramos em um novo milênio. Apesar de temores infundados, o tempo correu sereno, sem sobressaltos na continuidade. A era que agora se vive perfila-se às expectativas e às preocupações que herdamos do século passado. Investigações nele iniciadas deram à luz, já no novo ano do século XXI, o conhecimento sobre o genoma humano, sem dúvida uma das grandes descobertas da humanidade. Aumenta assim a esperança da cura de algumas doenças que afligem a humanidade e do prolongamento da vida humana. Mas simultaneamente aumentam também as preocupações sociais pela criação de contextos de vida agradável para os idosos, bem como as interrogações econômicas colocadas pelo aumento da população não-produtiva. Manifestam-se, de uma forma cada vez mais evidente, os aspectos positivos e negativos da globalização: a comunicação entre os povos, o trabalho em rede, a capacidade produtiva das grandes multinacionais, o conhecimento simultâneo e direto dos grandes acontecimentos mundiais, mas também a generalização do uso da droga, a perda de identidade ética e cultural, a falência de pequenas e médias empresas, o desemprego e a pobreza.

Desenvolvem-se a uma velocidade verdadeiramente vertiginosa as possibilidades de acesso à informação por via informática e reconhece-se o poder de quem é detentor da informação. A era industrial é substituída pela era do conhecimento e da informação sem que, contudo, possa se deixar de reconhecer o perigo do que já se chama a literacia informática e de antever as suas temíveis conseqüências de exclusão social.

Neste contexto de profunda mudança ideológica, cultural, social e profissional, aponta-se a educação como o cerne do desenvolvimento da pessoa humana e da sua vivência na sociedade, sociedade da qual se espera um desenvolvimento econômico acrescido e uma melhor qualidade de vida. Neste mundo de maravilhas, vive-se também o risco e a incerteza. E nessa complexidade desenvolvem-se novas racionalidades, cujos primeiros sinais começaram a emergir no século passado. Se nos encontramos perante uma nova mundividência, é importante que a analisemos e reflitamos sobre ela para não nos virmos a sentir uma espécie de extraterrestres deslocados.

Essa reflexão é importante sobretudo para nós, os educadores, já que temos uma responsabilidade acrescida na compreensão do presente e na preparação do futuro. Compete-nos interpretar na atualidade os sinais emergentes do porvir para o qual estamos preparando as nossas crianças e os nossos jovens cuja formação a sociedade, em parte, quis confiar-nos.

Grande parte do seu tempo é passado na escola. Esta constitui um espaço, um tempo e um contexto de aprendizagem e de desenvolvimento. E mesmo que, por força das novas tecnologias, a aprendizagem desprenda-se da necessidade de espaços coletivos e tempos simultâneos, ela não deixará nunca de realizar-se em contexto, talvez em comunidades aprendentes interconectadas, às vezes globalmente interconectadas. Nem por isso se poderá deixar de pensar em escola. Com novas configurações; porém, na sua essência, escola.

Não pretendo fazer futurologia. Em um pensamento mais contido, interrogo-me sobre o modo como a sociedade e nós próprios organizamos e podemos organizar a escola para que ela seja o lugar, o tempo e o contexto a que acima me referi. Não tenho qualquer sombra de dúvida de que a escola também precisa mudar para acompanhar a evolução dos tempos e cumprir a sua missão na atualidade. A razão de ser da publicação deste livro reside nessa convicção profunda e assumida. Foi pensando em tal necessidade e analisando os sinais presentes e futuros de mudança que decidi organizá-lo, correspondendo a um desafio da editora ARTMED e convidando um grupo de colegas a escreverem-no comigo.

O livro está organizado com base na convicção da existência de uma nova forma de pensar e de viver a realidade, um novo paradigma civilizacional ou, se ainda não se quiser admitir a sua existência, pelo menos na presença de fortes manifestações da sua emergência. Essa nova racionalidade manifesta-se no modo como os profissionais atuam na profissão, como as organizações reestruturam-se e definem-se, como os investigadores posicionam-se perante os fenômenos investigados. Essa nova maneira de pensar e de agir tem implicações ao nível da escola e reflete-se na maneira como se concebe a formação e o currículo, como os professores percebem e concretizam a sua prática pedagógica, como os alunos vivem o seu ofício de estudante. Além disso, repercute-se no papel que se atribui aos professores, aos alunos e aos funcionários e nas dinâmicas de desenvolvimento que as escolas introduzem.

Não comentarei as idéias expressas por cada um dos autores, cada um deles autônomo em seu pensamento e por ele responsável, mas proponho-me a lançar um olhar transversal sobre as temáticas que neste livro cruzam-se e entrecuzam-se, completando-se umas às outras e permitindo-nos obter uma visão global da escola que queremos e das razões pelas quais a queremos do modo como a queremos.

Desejamos uma escola reflexiva, concebida como uma organização que continuadamente se pensa a si própria, na sua missão social e na sua organização, e confronta-se com o desenrolar da sua atividade em um processo heurístico simultaneamente avaliativo e formativo. Nessa escola, acredita-se que formar é organizar contextos de aprendizagem, exigentes e estimulantes, isto é, ambientes formativos que favoreçam o cultivo de atitudes saudáveis e o desabrochar das capacidades de cada um com vistas ao desenvolvimento das competências que lhes permitam viver em sociedade, ou seja, nela conviver e intervir em interação com os outros cidadãos.Tendo como adquirido que a aprendizagem é um processo continuado de construção experienciada de saber e que a escola tem uma função curricular a desempenhar, considera-se o currículo como guia orientador de aprendizagens e atribui-se à escola, em geral, e a cada escola, em particular, a gestão estratégica e flexível desse enquadramento orientador. Assim, o currículo inerte nas folhas de papel torna-se vivo na ação do professor com os seus alunos. Atribui-se aos professores a capacidade de serem atores sociais, responsáveis em sua autonomia, críticos em seu pensamento, exigentes em sua profissionalidade coletivamente assumida. Solicita-se dos dirigentes escolares a capacidade de liderança mobilizadora de vontades e idéias partilhadas e a efetiva gestão de serviços e recursos. Acredita-se que os alunos formados por uma escola com tais características estarão mais bem preparados para demonstrar resiliência e capacidade de superação diante das dificuldades e para viver criticamente o cotidiano. Habituados a refletir, terão motivações para continuar a aprender e para investigar, reconhecerão a importância das dimensões afetivas e cognitivas do ser humano, reagirão melhor em face da mudança e do risco que caracterizam uma sociedade em profunda transformação.

Na nossa cultura atual, valorizam-se dimensões há muito desprezadas e atende-se à globalidade da natureza humana. Basta olhar para a insistente presença da comunicação multimídia para compreender o valor dos sentidos. E a visita a um dos muitos museus interativos que a sociedade hoje nos oferece chama-nos a atenção para a importância dos cinco sentidos e da experienciação. O tato é um dos que mais tem sido recuperado no sentido real, mas também, curiosamente, no sentido virtual que lhe é dado por MacLuhan e no sentido simbólico de afetividade como van Manen tão bem o considera. Qual a influência dessas concepções nos contextos de aprendizagem escolar? Ou eles ainda estarão confinados ao livro, ao giz, às transparências e ao professor?

Desejamos uma escola do nosso tempo, janela aberta para o presente e para o futuro, onde se viva a utopia mitigada que permite criar e recriar, sem contudo perder a razoabilidade e a estabilidade. Uma escola onde se realize, com êxito, a interligação entre três dimensões da realização humana: a pessoal, a profissional e a social. E onde se gerem conhecimentos e relações, comprometimentos e afetos.

Kerkhove (1997), discípulo de MacLuhan, afirma que, nesta mudança civilizacional paradigmática, "o próximo passo é reconhecer que somos primitivos numa cultura nova e global. Para evoluirmos do estado de meras vítimas para o de exploradores, temos de desenvolver um sentido de julgamento crítico em tempo crítico" (p. 115). É em uma atitude de julgamento crítico diante desse novo paradigma cultural que nos colocamos. Nele, como escreveu Roberto Carneiro (1997), antigo ministro da Educação em Portugal, "a educação como actividade eminentemente comunitária terá de reformular-se para operar num mundo denso de informação, numa humanidade globalizada, num caldo de multicultura e numa economia sedenta de formas de aprendizagem ao longo de toda a vida".

A escola, instituição social, pólo do binômio interativo escola-sociedade, irá metamorfosear-se ou permanecerá imutável e estática no modo hierárquico como se estrutura, na compartimentalização de turmas, espaços e tempos horários, na estrutura curricular de base disciplinar, na vivência individualista (não confundir com pessoalista) e tecnicista do cotidiano escolar, na regulação das avaliações?

O novo paradigma cultural, entendido como uma nova visão do mundo e caracterizado por uma racionalidade crítica e emancipatória dos sujeitos e das instituições que o constituem, cultivadora de um novo homem dotado de uma nova racionalidade, já é visível, como pretendemos salientar neste livro, em muitos aspectos da atividade humana. Destacaremos aqueles que se prendem mais diretamente à nossa atividade. Falaremos então de uma nova forma de estar na profissão e de viver a profissão assumindo que, perante a imprevisibilidade, a constante mudança e a exigência dos contextos de atuação, a formação ao longo da vida surge como um imperativo inquestionável. Analisaremos as convicções que presidem as práticas renovadas de formação e que trazem para o centro do palco o formando e o seu papel na construção de si próprio e do seu saber, saber que partilha com os outros na construção e na utilização. Olharemos o currículo a uma nova luz e responsabilizaremos a escola e os professores para, juntamente com os alunos, o instituírem na ação concreta. Refletiremos sobre as novas configurações organizativas do cotidiano da escola que fazem desta uma organização aprendente e qualificante, uma organização em desenvolvimento e aprendizagem para si mesma e para cada um dos que a constituem. E dedicaremos alguma atenção à evolução dos paradigmas investigativos, conscientes de que a presença da investigação nas questões educativas também é uma característica da atualidade e uma necessidade sentida, embora nem sempre assumida.

Ao atravessar todas essas dimensões, encontramos algumas noções centrais e transversais, a saber: a centralidade da pessoa na sua globalidade e na sua comunicabilidade, a racionalidade dialógica inerente ao discurso crítico-construtivo, a reflexibilidade, a autonomia e a responsabilidade não apenas de atores isolados, mas também de organizações, a humildade e o relativismo frente ao ato de compreender a realidade, o relacionamento interativo com a técnica, a valorização do inter-relacionamento evidente em vários aspectos e traduzido na linguagem através de termos como interdisciplinaridade, interdepartamentalismo, interculturalismo, interpessoalidade, interinstitucionalidade, interatividade e interconectividade. Ao eleger uma dessas últimas características, elegeria a interatividade, pois penso que nela se concentra a essência da atual mundividência.

Finalmente, importa interrogarmo-nos sobre as razões que poderão fundamentar uma mudança paradigmática em tantas áreas da atividade humana. A resposta mais plausível tem a ver com o sentimento de impotência diante dos problemas que, nessas mesmas áreas de atuação, têm-se colocado ao homem, ser pensante, seja ele o profissional da educação, o investigador, o dirigente institucional ou até o próprio aluno.

Perante a desadequação dos paradigmas existentes, a atitude pode ser de ruptura em busca de novas soluções. De uma forma mais ou menos drástica, estamos rompendo com velhas tradições na expectativa de termos encontrado caminhos melhores e mais adequados para os problemas ocorridos, entre os quais relembro, meramente a título de exemplo, o insucesso escolar, a indisciplina, o desinteresse.

Contudo, também devemos questionar-nos sobre um outro nível de adequação. Refiro-me ao nível de adequação entre o discurso produzido e a prática vivida. Será que a mudança paradigmática atingiu tanto a atividade educativa quanto o discurso sobre a educação deixa entrever? E, se este não é o caso, importa indagar onde estão os constrangimentos à prática ou, em alternativa, a irrazoabilidade do discurso.

REFERÊNCIAS BIBLIOGRÁFICAS

CARNEIRO, R. *Sociedade e informação*. Lisboa: Texto Editora, 1997.
KERKHOVE, D. *A pele da cultura. Uma investigação sobre a nova realidade electrónica*. Lisboa: Relógio d'Água Editores, 1997.

capítulo 1

A Escola Reflexiva

Isabel Alarcão

Assiste-se hoje a uma forte inadequação da escola para fazer face às demandas da sociedade. Diante das rápidas convulsões sociais, a escola precisa abandonar os seus modelos mais ou menos estáticos e posicionar-se dinamicamente, aproveitando as sinergias oriundas das interações com a sociedade e com as outras instituições e fomentando, em seu seio, interações interpessoais.

A mudança de que a escola precisa é uma mudança paradigmática. Porém, para mudá-la, é preciso mudar o pensamento sobre ela. É preciso refletir sobre a vida que lá se vive, em uma atitude de diálogo com os problemas e as frustrações, os sucessos e os fracassos, mas também em diálogo com o pensamento, o pensamento próprio e o dos outros.

Por analogia com o conceito de professor reflexivo, hoje tão apreciado, desenvolverei o conceito de escola reflexiva e procurarei sugerir que a escola que se pensa e que se avalia em seu projeto educativo é uma organização aprendente que qualifica não apenas os que nela estudam, mas também os que nela ensinam ou apóiam estes e aqueles. É uma escola que gera conhecimento sobre si própria como escola específica e, desse modo, contribui para o conhecimento sobre a instituição chamada *escola*.

Antes, porém, de proceder à apresentação do conceito de escola reflexiva, gostaria de convidar os leitores a refletirem comigo sobre a escola.

A ESCOLA HOJE

Entristece-me ouvir os alunos dizerem que a escola não os estimula, como foi o caso recente de uma estagiária brasileira que, ao regressar à sua escola na qualidade de candidata a professora, recordava como a escola havia frustrado os seus desejos de aprender quando passara por lá como aluna pequena. Verifico também, com grande apreensão, que, após vários anos de escolarização, muitos alunos não revelam as competências cognitivas, atitudinais, relacionais e comunicativas que a sociedade espera e das quais necessita. Igualmente me pesa verificar o cansaço e o desânimo manifestados por tantos professores que, em alguns países mais do que em outros, mas de uma maneira geral em todos, sentem-se solitários, desapoiados pelos dirigentes, pelas comunidades e pelos governos.

Contudo, nos discursos oficiais, é unanimemente reconhecido que a educação é fonte de desenvolvimento humano, cultural, social e econômico. E que, nesse desenvolvimento, os professores e a escola desempenham um papel fundamental.

Não pretendo deixar uma idéia pessimista ou de desalento. Tenho encontrado nos professores, nos alunos, nas escolas, nas comunidades e em alguns governos idéias comprometidas e iniciativas inovadoras. Tenho encontrado escolas com um projeto próprio, coerente, impulsionador. Em função disso, costumo dizer que a escola, cada escola, deve conceber-se como um local, um tempo e um contexto educativo.

A escola é um lugar, um edifício circundado, espera-se, por alguns espaços abertos. Todavia, às vezes, detenho-me a pensar se os edifícios escolares não estarão defasados em relação às concepções de formação, às formas de gestão curriculares e às exigências do relacionamento interpessoal neste início de milênio (Cf. Capítulos 2, 5 e 6). A fim de traçar o perfil das nossas escolas, façamos um pequeno exercício mental do tipo inventário de características. Como são as nossas escolas: edifícios onde apenas existem salas de aula? Ou também há nelas espaços de convívio, de desporto, de cultura, de trabalho em equipa, de inovação e experimentação? Que espaços permitem ligações informáticas para manter a escola em interação com outras escolas, com outras instituições, com outros países, com o conhecimento hoje disponibilizado de novas formas? Será que as nossas escolas possuem locais que permitam a aprendizagem cooperativa e autônoma? E espaços que favoreçam a flexibilização de atividades docentes e discentes?

Também podemos analisar onde se localizam as escolas — longe ou perto das comunidades? — e questionar que tipo de relação estabelecem com essas comunidades — aberta ou fechada? No que se refere ao mobiliário e aos equipamentos, estes são bem concebidos e adaptados às crianças e aos jovens? E onde se acomodam os adultos quando também têm acesso à mesma escola? As crianças se sentem tão bem na escola quanto em sua casa? Ou se sentem melhor na rua, porque nem na escola nem em casa há espaço para elas?

No entanto, se a escola é um edifício, ela não é só um edifício. É também um contexto e deve ser, primeiro que tudo, um contexto de trabalho. Trabalho para o aluno. Trabalho para o professor. Para o aluno, o trabalho é a aprendizagem em suas várias dimensões. Para o professor, é a educação na multiplicidade de suas funções. Não se aprende sem esforço, e as crianças e os jovens precisam aprender a se esforçar, a trabalhar, a investir no estudo, na aprendizagem, na compreensão. Esforçar-se não deve equivaler a desprazer, mas tampouco pode traduzir-se em metodologias de papinha feita, castradoras do desenvolvimento das potencialidades escondidas em cada um.

Cabe aqui relembrar um texto de Paulo Freire, a propósito do estudo, em que ele o define como "um que-fazer exigente em cujo processo se dá uma sucessão de dor, de prazer, de sensação de vitórias, de derrotas, de dúvidas e de alegria (1997, p.41). E continua o mesmo educador: "estudar, por isso mesmo, implica a formação de uma disciplina rigorosa que forjamos em nós mesmos, em nosso corpo consciente".

Um bom contexto de trabalho requer um ambiente de exigente tranqüilidade e de conscientização do lugar que cada um deve desempenhar. A escola tem de ser a escola do sim e do não, onde a prevenção deve afastar a necessidade de repressão, onde o espírito de colaboração deve evitar as guerras de poder ou competitividade mal-entendida, onde a crítica franca e construtiva evita o silêncio roedor ou a apatia empobrecedora e enturpecedora.

Mas a escola, para além de lugar e contexto, é também um tempo. Um tempo que passa para não mais voltar. Um tempo que não pode ser desperdiçado. Tempo de quê? De curiosidade a ser desenvolvida e não estiolada. Questionemo-nos, então, sobre o modo como respondemos à curiosidade dos nossos jovens perante a ciência, a técnica, o desenvolvimento físico, a sexualidade, a droga. E interroguemo-nos também sobre o modo como respondemos igualmente à curiosidade e ao espírito de iniciativa dos professores mais entusiastas.

A escola é tempo de desenvolver e aplicar capacidades como a memorização, a observação, a comparação, a associação, o raciocínio, a expressão, a comunicação e o risco. Quais tarefas, na nossa escola, visam ao desenvolvimento dessas capacidades fundamentais para uma aprendizagem continuada ao longo da vida?

É tempo de atividade e iniciativa. Que tempo e espaço de iniciativa concedemos aos nossos alunos? E aos nossos professores? E aos alunos, professores e funcionários em conjunto? É tempo de convivência saudável e de cooperação. Como aproveitamos essas qualidades tão características da juventude e tão saudáveis para os profissionais que trabalham em conjunto? É tempo de turbulência. Como a controlamos, sem excessos e sem repressões não-compreendidas?

A escola tem a função de preparar cidadãos, mas não pode ser pensada apenas como tempo de preparação para a vida. Ela é a própria vida, um local de vivência da cidadania.

COMO SE ORGANIZA A ESCOLA PARA CUMPRIR ESSAS FUNÇÕES?

Sendo a escola um *lugar*, um *tempo* e um *contexto*, sendo ela *organização* e *vida*, devendo ela espelhar um rosto de cidadania, que escola temos e que escola precisamos ter?

Penso que concordarão comigo se afirmar que a escola não tem conseguido acompanhar as profundas mudanças ocorridas na sociedade. Não obstante as transformações que nela vão sendo introduzidas, ela não convence nem atrai. É coisa do passado, sem rasgos de futuro. Ainda fortemente marcada pela disciplinaridade, dificilmente prepara para viver a complexidade que caracteriza o mundo atual. Influenciada pela tradição ocidental, que privilegia grandemente o pensamento lógico-matemático e a racionalidade, não potencializa o desenvolvimento global do ser pessoa, ou facilmente discrimina e perde os que não se adaptam a esse paradigma.

Não é por acaso que Drucker (1993) advoga que a escola terá de sofrer uma mudança radical nos métodos e processos de aprendizagem e nos conteúdos que ensina. Acrescento que não é possível desvincular currículo e pedagogia de políticas e administração. Por isso, para mudar a escola, direi que também é preciso mudar a sua organização e o modo como ela é pensada e gerida.

Uma coisa é certa. Urge mudá-la. Não apenas nos currículos que são ministrados, mas na organização disciplinar, pedagógica, organizacional. Nos valores e nas relações humanas que nela se vivem. É preciso repensá-la, pensando-a em contexto. Mas não basta que fiquemos apenas no pensar. Depois, é preciso agir para transformá-la.

MUDAR "A CARA" DA ESCOLA

Como afirma Paulo Freire, "não se muda a cara da escola por um ato de vontade do secretário" (1991, p. 35). Para mudá-la é preciso envolver as decisões político-administrativo-pedagógicas, os alunos e os professores, os auxiliares e os funcionários, os pais e os membros da comunidade. É preciso envolver o elemento humano, as pessoas e, através delas, mudar a cultura que se vive na escola e que ela própria inculca.

A escola inovadora é a escola que tem a força de se pensar a partir de si própria e de ser aquilo que mais adiante designarei por escola reflexiva. Neste tempo de descentralização, de autonomização e de responsabilização que estamos vivendo, algumas escolas têm conseguido fazê-lo com sucesso. A reflexão sobre essa temática e esses fenômenos leva-me a comentar 10 idéias que tentam traduzir o meu pensamento sobre uma escola de "cara mudada" e preparar o leitor para entender o conceito de escola reflexiva, título que escolhi para este capítulo e que figura no do próprio livro.

A Centralidade das Pessoas na Escola e o Poder da Palavra

Uma escola sem pessoas seria um edifício sem vida. Quem a torna viva são as pessoas: os alunos, os professores, os funcionários e os pais que, não estando lá permanentemente, com ela interagem. As pessoas são o sentido da sua existência. Para elas existem os espaços, com elas se vive o tempo. As pessoas socializam-se no contexto que elas próprias criam e recriam. São o recurso sem o qual todos os outros recursos seriam desperdício. Têm o poder da palavra através da qual se exprimem, confrontam os seus pontos de vista, aprofundam os seus pensamentos, revelam os seus sentimentos, verbalizam iniciativas, assumem responsabilidades e organizam-se. As relações das pessoas entre si e de si próprias com o seu trabalho e com a sua escola são a pedra de toque para a vivência de um clima de escola em busca de uma educação melhor a cada dia.

Liderança, Racionalidade Dialógica e Pensamento Sistêmico

Por trás de escolas inovadoras tem-se revelado a existência de líderes, independentemente do nível em que se situam. Eles estão no topo, nas estruturas intermédias e na base. Em uma escola participativa e democrática como a que se pretende, a iniciativa é acolhida venha ela de onde vier, porque a abertura às idéias do outro, a descentralização do poder e o envolvimento de todos no trabalho em conjunto são reconhecidos como um imperativo e uma riqueza. Mecanismos de comunicação múltipla permitem tomadas de decisão que resultam de estratégias e políticas interativamente definidas. Estas são enquadradas por uma visão globalizadora, capaz de, como diz Mintzberg (1995), ver simultaneamente em múltiplas direções. Mas também por um pensamento sistêmico, organizador da conceitualização e da ação, "a quinta disciplina", na acepção de Senge (1990). Liderança, visão, diálogo, pensamento e ação são os cinco pilares de sustentação de uma organização dinâmica, situada, responsável e humana.

A Escola e o Seu Projeto Próprio

Fruto da consciência da especificidade de cada escola na ecologia da sua comunidade interna e externa, assume-se hoje que cada escola desenvolva o seu próprio projeto educativo. Resultante da visão que a escola pretende para si própria, visão que se apóia na função da escola e é tanto mais comprometedora quanto maior for o nível de construção coletiva nela implicada, a missão específica de cada escola é definida, o seu projeto é delineado, os objetivos e as estratégias para atingí-lo são conceitualizadas. A fim de que as boas intenções ultrapassem o mero ato de registo em papel, definem-se os níveis de execução, atribuem-se responsabilidades aos agentes envolvidos, delineia-se a monitorização que deve nortear todo o processo, incluindo a avaliação dos resultados obtidos. E parte-se para a ação. Um projeto institucional específico implica margens de liberdade concedidas a cada escola sem que se perca a dimensão educativa mais abrangente, definida para a sua área geográfica, o seu país e o mundo.

A Escola Entre o Local e o Universal

Neste mundo globalizado em que vivemos, emerge em vários setores socioculturais a consciência da especificidade e da particularidade, como se quiséssemos proteger-nos de uma estandardização neutralizadora daquilo que nos é específico. Sem deixar de partilhar com as outras escolas do planeta a universalidade da sua dimensão instrutivo-educativa e socializante, cada escola tende a integrar-se e a assumir-se no contexto específico em que se insere, isto é, tende a ter uma dimensão local, a aproximar-se da comunidade. Mantem-se, porém, em contato com a aldeia global de que faz parte e partilha com todas as outras escolas do mundo a função de socialização que as caracteriza. Sem deixar de ser local, a escola é universal. As novas tecnologias da informação e da comunicação abrem vias de diálogo e oportunidades de cultivar o universal no local.

A Educação para o e no Exercício da Cidadania

Entre as contradições da sociedade atual dá-se conta da competitividade, do individualismo e da falta de solidariedade em um mundo que tanto se globalizou e aproximou as pessoas. Vive-se em alienação. Talvez se deva a isso mesmo a intensidade com que novamente se tem valorizado a educação para a cidadania. Já neste texto afirmei que a escola não pode colocar-se na posição de meramente preparar para a cidadania. Nela se tem de viver a cidadania, na compreensão da realidade, no exercício da liberdade e da responsabilidade, na atenção e no interesse pelo outro, no respeito pela diversidade, na correta tomada de decisões, no comprometimento com as condições de desenvolvimento humano, social e ambiental. Esta também é uma cultura a ser desenvolvida e assumida. Uma educação a ser feita a partir da vida da escola.

Articulação Político-Administrativo-Curricular-Pedagógica

Na escola, as pessoas organizam-se para ensinar e educar, para aprender e ser educadas. Na educação formal, cruza-se um conjunto de vetores. Destacarei os políticos, os administrativos, os curriculares e os pedagógicos. Se toda educação formal pressupõe uma política e exige um apoio administrativo, esses dois vetores devem coordenar-se com as dimensões curriculares e pedagógicas de tal maneira que não se trabalhe em compartimentos estanques e obstaculizantes, mas em uma ambiência colaborativa e facilitadora. Contudo, as estruturas curriculares e pedagógicas não podem ignorar totalmente as limitações que obrigam a que certas decisões políticas e administrativas tenham de ser tomadas. Mais uma vez, o diálogo entre as pessoas, o poder esclarecedor ou argumentativo da palavra e a aceitação do ponto de vista do outro são essenciais à negociação, à compreensão, à aceitação.

O Protagonismo do Professor e o Desenvolvimento da Profissionalidade Docente

Se aceitamos o fato de que as pessoas são fundamentais na organização da escola, elas têm de protagonizar a ação que nela ocorre. Na escola, todos são atores. Os alunos, os professores, os funcionários, os pais ou os membros da comunidade envolvidos nas atividades da escola, todos têm um papel a ser desempenhado. Porém, se os alunos passam pela escola, os professores ficam e acompanham o desenvolvimento da instituição. Por isso, e também pelas responsabilidade que assumem, os professores são atores de primeiro plano. No passado recente, os professores têm sido mal compreendidos e mal olhados. Por isso, por vezes têm-se demitido das suas responsabilidades para com a escola e a sociedade. No entanto, assiste-se hoje a uma mudança também nesse aspecto (Alarcão, 1999). Por um lado, intensificam-se esforços na sociedade para que sejam desenvoleidas as condições necessárias ao exercício da profissão docente. Por outro lado, os professores tomam consciência da sua própria profissionalidade e do seu poder e responsabilidade em termos individuais e coletivos. Importa assumir que a profissionalidade docente envolve dimensões que ultrapassam a mera dimensão pedagógica. Como ator social, o professor tem um papel a desempenhar na política educativa. No seio da escola, a sua atividade desenrola-se no cruzamento das interações político-administrativo-curricular-pedagógicas.

O Desenvolvimento Profissional na Ação Refletida

O professor é um profissional da ação cuja atividade implica um conjunto de atos que envolvem seres humanos. Como tal, a racionalidade que impregna a sua ação é uma racionalidade dialógica, interativa e reflexiva na lógica do que acima se disse e como afirmam Garrido, Pimenta e Moura "na última década, a literatura sobre a formação do professor reflexivo tem-se deslocado de uma perspectiva excessivamente centrada nos aspectos metodológicos e curriculares para uma perspectiva que leva em consideração os contextos escolares" (2000, p. 92). E os mesmos autores continuam, salientando que as organizações escolares são "produtoras de práticas sociais, de valores, de crenças e de conhecimentos, movidas pelo esforço de procurar novas soluções para os problemas vivenciados" (idem). A complexidade dos problemas que hoje se colocam à escola não encontra soluções previamente talhadas e rotineiramente aplicadas. Exige, ao contrário, uma capacidade de leitura atempada dos acontecimentos e sua interpretação como meio de encontrar a solução estratégica mais adequada para elas. Esse processo, pela sua complexidade, exige cooperação, olhares multidimensionais e uma atitude de investigação na ação e pela ação. Por outro lado, exige do professor a consciência de que a sua formação nunca está terminada e das chefias e do governo, a assunção do princípio da formação continuada. No entanto, também lhe dá o reconforto de sentir que a profissão é para ele, com os outros, sede de construção de saber, sobretudo se a escola em que leciona for uma escola, ela própria, aprendente e, conseqüentemente, qualificante para os que nela trabalham.

Da Escola em Desenvolvimento e Aprendizagem à Epistemologia da Vida da Escola

Schön (1983, 1987) fala-nos da epistemologia da prática como o resultado do conhecimento que os profissionais constroem a partir da reflexão sobre as suas práticas. Considerando os professores como co-construtores da escola, acredito que a participação ativa e crítica na vida da instituição contribuirá para o desenvolvimento do conhecimento sobre a própria escola. Será assim um conhecimento gerado na interação com a natureza e os problemas da escola que, a partir do que for específico de cada uma, poderá, de forma iluminativa ou comparativa, assumir por transferibilidade um caráter de tendência global. Será uma epistemologia da vida da escola desenvolvida a partir da co-construção reflexiva sobre a sua missão, as suas atividades e as conseqüências delas decorrentes.

Desenvolvimento Ecológico de uma Escola em Aprendizagem

Se a escola como instituição não quiser estagnar, deve interagir com as transformações ocorridas no mundo e no ambiente que a rodeia. Deve entrar na dinâmica atual marcada pela abertura, pela interação e pela flexibilidade. Nesse processo, encontrará amigos críticos, desafios, propostas de colaborações. E nesse processo se desenvolverá. Com efeito, as instituições, à semelhança das pessoas, são sistemas abertos. Estão em permanente interação com o ambiente que as cerca, que as estimula ou condiciona, que lhes cria contextos de aprendizagem. Ao serem pró-ativas em sua interação, ajudam a sociedade a transformar-se, cumprindo assim um aspecto da sua missão.

※ ※ ※

Os comentários a essas 10 idéias conduzem ao esclarecimento do conceito nuclear deste capítulo: a escola reflexiva. É o que farei na próxima seção.

A ESCOLA REFLEXIVA

Tenho designado por escola reflexiva uma "organização (escolar) que continuadamente se pensa a si própria, na sua missão social e na sua organização, e se confronta com o desenrolar da sua atividade em um processo heurístico simultaneamente avaliativo e formativo" (Alarcão, 2001 a, b e c). Se, como dizia Habermas, só o EU que se conhece a si próprio e questiona a si mesmo é capaz de aprender, de recusar tornar-se coisa e de obter a autonomia, eu diria que só a escola que se interroga sobre si própria se transformará em uma instituição autônoma e responsável, autonomizante e educadora. Somente essa escola mudará o seu rosto.

Uma escola assim concebida pensa-se no presente para se projetar no futuro. Não ignorando os problemas atuais, resolve-os por referência a uma visão que se direcione para a melhoria da educação praticada e para o desenvolvimento da organização. Envolvendo no processo todos os seus membros, reconhece o valor da aprendizagem que para eles daí resulta.

É uma escola que se assume como instituição educativa que sabe o que quer e para onde vai. Na observação cuidadosa da realidade social, descobre os melhores caminhos para desempenhar a missão que lhe cabe na sociedade. Aberta à comunidade exterior, dialoga com ela. Atenta à comunidade interior, envolve todos na construção do clima de escola, na definição e na realização do seu projeto, na avaliação da sua qualidade educativa. Consciente da diversidade pessoal, integra espaços de liberdade na malha necessária de controles organizativos. Enfrenta as situações de modo dialogante e conceitualizador, procurando compreender antes de agir.

Diante da mudança, da incerteza e da instabilidade que hoje se vive, as organizações (e a escola é uma organização) precisam rapidamente se repensar, reajustar-se, recalibrar-se para atuar em situação. No início deste capítulo, vimos como urge mudar a escola para lhe dar sentido e atualidade. Em uma organização com essas características, os seus membros não podem ser meramente treinados para executar decisões tomadas por outrém, não podem ser moldados para a passividade, o conformismo, o destino acabado. Ao contrário, devem ser incentivados e mobilizados para a participação, a co-construção, o diálogo, a reflexão, a iniciativa, a experimentação. Uma organização inflexível, com uma estrutura excessivamente hierarquizada, silenciosa no diálogo entre setores, cética em relação às potencialidades dos seus membros, descendentemente pensada em todas as suas estratégias estará fadada ao insucesso.

Pelo contrário, uma escola reflexiva, em desenvolvimento e aprendizagem ao longo da sua história, é criada pelo pensamento e pela prática reflexivos que acompanham o desejo de compreender a razão de ser da sua existência, as características da sua identidade própria, os constrangimentos que a afetam e as potencialidades que detém. Necessita ter uma visão partilhada do caminho que quer percorrer e refletir sistemática e cooperativamente sobre as implicações e as conseqüências da concretização dessa visão. Da visão sobre a própria escola deriva o seu projeto, que conta com o empenho de cada um porque foi interativamente construído através do diálogo entre os seus membros, no entrelaçar de estratégias que vão do topo para a base e da base para o topo. Somente um pensamento estratégico permitirá manter a visão de conjunto e enquadrar, no projeto global da escola, os projetos e as atividades complementares.

A minha convicção é de que, se quisermos mudar a escola, devemos assumi-la como organismo vivo, dinâmico, capaz de atuar em situação, de interagir e desenvolver-se ecologicamente e de aprender a construir conhecimento sobre si própria nesse processo.

Considerando a escola como um organismo vivo inserido em um ambiente próprio, tenho pensado a escola como uma organização em desenvolvimento e em aprendizagem que, à semelhança dos seres humanos, aprende e desenvolve-se em interação.

Parafraseando Bronfenbrenner tenho dito que o desenvolvimento institucional decorre da "interação mútua e progressiva entre, por um lado, uma *organização* ativa, em constante crescimento e, por outro lado, as propriedades sempre em transformação dos meios imediatos em que a *organização se insere*, sendo este processo influenciado pelas relações entre os contextos mais imediatos e os contextos mais vastos em que aqueles se integram" (Bronfenbrenner, 1979; Portugal, 1992, p. 37; itálicos meus para assinalar as alterações introduzidas no texto original que se refere ao indivíduo).

O modelo bronfenbreniano do desenvolvimento humano pressupõe que o indivíduo seja influenciado por um conjunto de contextos interligados (micro, meso e macro), de impacto mais ou menos remoto, em que o macro contexto, constituído pelas ideologias e pelos valores assumidos pelo ambiente sócio-político-cultural, exerce nos outros contextos, mais próximos, uma enorme influência. O desenvolvimento humano é processado através do que o autor designa por transições ecológicas, caracterizadas pela assunção de novos papéis, pela realização de novas atividades e pela interação com novas pessoas. Como resultado desses movimentos, ocorrem transições ecológicas e, em conseqüência, o indivíduo, mais desenvolvido, vai revelando uma capacidade cada vez maior de compreensão da realidade e de ação sobre essa própria realidade.

Se transpusermos esse modelo para o desenvolvimento institucional e examinarmos histórias de algumas instituições, facilmente reconheceremos que determinados contextos sócio-político-culturais possibilitaram (ou não) às instituições assumirem novos papéis, realizarem novas atividades e entrarem em novas interações, passando assim (ou não) por transições institucionais com conseqüências ao nível do seu desenvolvimento.

Todavia, para que isso aconteça, é preciso que a instituição tenha capacidade de ler os ambientes e de agir sobre os ambientes. Por isso, a escola não pode fechar-se em si mesma, mas abrir-se e pensar-se estratégica e eticamente. Tem-se falado muito sobre o pensamento estratégico das organizações só que nesse pensamento tem-se muitas vezes esquecido a dimensão ética, valorativa, humana, interpessoal. Em uma escola, ela não pode estar ausente.

A ESCOLA REFLEXIVA NO ENQUADRAMENTO DOS NOVOS PARADIGMAS ORGANIZACIONAIS

Nos demais capítulos desse livro, abordam-se novas tendências que podem ser observadas nos paradigmas de formação, de organização e gestão curriculares e de investigação, bem como no paradigma do exercício profissional. Contudo, hoje também assistimos a mudanças nos paradigmas organizacionais.

Um conjunto de fatores como o desenvolvimento tecnológico, a globalização, a competitividade do mercado, o efêmero interesse pelo produto instalado em uma sociedade de consumo levaram as organizações empresariais e industriais a conceitualizar estratégias para enfrentar os grandes desafios que passaram a ser colocados a elas. Curiosamente, esse movimento veio pôr em destaque a relevância das pessoas como o maior dos recursos. Percebeu-se a importância da sua formação, da atualização dos seus conhecimentos, do desenvolvimento das suas capacidades, do seu potencial de trabalho em equipe, da participação ativa como motivação mobilizadora. A participação nas decisões, o direito à palavra, a capacidade de responsabilização e avaliação foram assumidos como imprescindíveis. Simultaneamente, o desenvolvimento científico dos conhecimentos sobre gestão permitiu sistematizar um conjunto de características próprias de uma organização dinâmica, aberta, flexível e, como afirma Senge (1990), "aprendente".

Algumas das reflexões feitas por mim nos pontos anteriores são reveladoras de novas concepções no modo como as escolas são geridas, mas nos traços que acabo de descrever é possível encontrar algumas semelhanças relativamente às organizações empresariais e à sua necessidade de transformarem-se em organizações aprendentes. Destacarei a importância dos recursos humanos, o desenvolvimento orientado por uma visão prospectiva e um projeto de ação, a colaboração dialogante, a articulação sistêmica, a vivência dos valores, o profissionalismo assumido, a formação na ação e para a ação, a investigação sobre as práticas, a construção de conhecimento sobre a organização, a monitorização e a avaliação de processos e resultados. Com efeito, como afirma Santiago: "as organizações educativas são, por excelência, sistemas de aprendizagem organizacional, se atendermos à qualificação e autonomia dos seus profissionais, à sua ligação permanente ao conhecimento, à centralidade das relações interpessoais e intergrupais nos seus processos de trabalho e às finalidades educativas e sociais que estão na base da sua legitimação pela sociedade" (2001, p. 38). Em artigo anterior (Alarcão, 2001 a), em que comecei a conceitualizar a escola reflexiva, eu própria assumi estar construindo o meu pensamento a partir de contribuições de autores como Senge e Mintzberg, aos quais associei contribuições oriundas do conhecimento desenvolvido sobre a formação profissional, nomeadamente Schön, e sobre o desenvolvimento humano, tendo-me, neste último caso, inspirado em Bronfenbrenner.

REFERÊNCIAS BIBLIOGRÁFICAS

ALARCÃO, I. Profissionalização docente em construção. In: *Anais do II Congresso Internacional sobre Formação de Professores nos Países de Língua e Expressão Portuguesas*. Porto Alegre: Edições ULBRA, 1999. p. 109-118.

———. Do olhar supervisivo ao olhar sobre a supervisão. In: RANGEL, M. (org.) *Supervisão pedagógica. Princípios e práticas*. Campinas: Papirus Editora, 2001 a, p. 11-55.

———. Escola reflexiva e desenvolvimento institucional: que novas funções supervisivas? In: OLIVEIRA-FORMOSINHO, J. (org.) *Supervisão da formação*. Porto: Porto Editora, 2001 b.

———. Escola reflexiva e supervisão. Uma escola em desenvolvimento e aprendizagem. In: ALARCÃO, I. (org.). *Escola reflexiva e supervisão. Uma escola em desenvolvimento e aprendizagem*. Porto: Porto Editora, 2001 c, p. 12-13.

BRONFENBRENNER, U. *The ecology of human development: experiments by nature and design*. Cambridge, Mass.: Harvard University Press, 1979. (Traduzido pela Artmed com o título *A ecologia do desenvolvimento humano*. 1996)

DRUCKER, P. *Post-capitalist society*. New York: Harper Collins, 1993.

FREIRE, P. *A educação na cidade*. São Paulo: Cortez Editora, 1991.

――――. *Professora sim, tia não. Cartas a quem ousa ensinar*. São Paulo: Olho d'Água, 1997. (1ª ed. de 1993).

GARRIDO, E.; PIMENTA, S.G.E.; MOURA, M.O. A pesquisa colaborativa na escola como abordagem facilitadora para o desenvolvimento da profissão de professor. In: MARIN, A.J. (org.). *Educação continuada*. Campinas: Papirus, 2000.

MINTZBERG, H. Strategic thinking as seeing. In: GARRATT, B. *Developing strategic thought. Rediscovering the art of direction-giving*. New York: MacGraw-Hill, 1995. p.67-70.

PORTUGAL, G. *Ecologia e desenvolvimento humano em Bronfenbrenner*. Aveiro: Edições CiDINE, 1992.

SANTIAGO, R. A escola também é um sistema de aprendizagem organizacional. In: ALARCÃO, I. (org.). *Escola reflexiva e supervisão. Uma escola em desenvolvimento e aprendizagem*. Porto: Porto Editora, 2001, p. 25-41.

SCHÖN, D. *The reflective practitioner*. New York: Basic Books, 1983.

――――. *Educating the reflective practitioner*. San Francisco: Jossey-Bass, 1987. (Traduzido pela Artmed com o título *Educando o profissional reflexivo*. 2000.)

SENGE, P. *The fifth discipline. The art and practice of the learning organization*. New York: Currency Doubleday, 1990. (2.ed. 1994).

capítulo 2

Relações Interpessoais em uma Escola Reflexiva

José Tavares

Uma escola reflexiva pressupõe uma comunidade de sujeitos na qual o desenvolvimento das relações pessoais no seu sentido mais autêntico e genuíno deverá estar no centro das atitudes, dos conhecimentos e da comunicação. Nem seria possível de outra forma, visto que a reflexibilidade é um atributo próprio da pessoa, como espaço aberto que possibilita a vinda das coisas, dos objetos e dos outros sujeitos à presença no ato da sua apresentação e representação. Por isso, são necessários sujeitos inteligentes, responsáveis e livres, sujeitos-pessoa, professores, alunos e demais agentes educativos, reflexivos em uma escola reflexiva. Nesse quadro, as relações pessoais e interpessoais assumem uma importância essencial. É essa tese que iremos tentar elucidar no presente capítulo interrogando essas relações quanto à sua essência e natureza e às suas múltiplas implicações em uma escola aprendente, reflexiva, que urge repensar para reorganizar de novo, com base em constructos cognitivos, afetivos e volitivos distintos, fazendo apelo a uma outra visão da realidade e a diferentes níveis de percepção, de representação que o desenvolvimento da ciência na sua aproximação progressiva ao real hoje nos possibilita.

ESSÊNCIA E NATUREZA DAS RELAÇÕES INTERPESSOAIS

O que são relações interpessoais e como atuam, como funcionam é uma questão que nos tem acompanhado ao longo dos nossos estudos e reflexões sobre essa problemática e que alguns dos trabalhos publicados refletem claramente (Tavares 1996, 1999). Continuar procurando uma resposta para essa questão será o grande objetivo deste estudo.

Na sociedade emergente, as relações intra e interpessoais e a sua gestão estão assumindo uma importância crucial porque é por elas que passa, em grande medida, a nova dinâmica que se pretende imprimir às mais variadas organizações, bem como às estratégias e às lideranças que se implementam em função dos mais variados objetivos a serem atingidos: econômicos, políticos, jurídicos, psicológicos, sociais, axiológicos, culturais, etc.

No entanto, convirá precisar os conceitos subjacentes a essa visão da realidade para obstar a que o discurso vá em uma direção e as práticas, a ação, em outra, quando não no sentido oposto e até contraditório. Ou seja, por vezes, fala-se e escreve-se muito sobre relações pessoais e interpessoais, fazendo apelo às teorias e às concepções mais atuais e fundamentadas, mas agindo depois exatamente ao contrário, exibindo comportamentos que se encontram nos antípodas. É por essa razão que uma resposta séria e coerente à questão sobre o que são relações interpessoais impõe-se antes de qualquer outro comentário ou tomada de decisão. Se for dada uma resposta adequada a essa questão, a outra (como atuam ou qual a natureza dessas relações) fica igualmente esclarecida por se tratar da outra face de uma mesma moeda, visto que a medida ou as potencialidades de ação dos seres são as da sua própria essência. Em outras palavras, as coisas agem (natureza) na medida em que são (essência). Os limites da capacidade de agir, de comportar-se e de estar das diferentes realidades existentes e possíveis são os da sua própria essência ou modalidade de ser.

Vejamos, pois, mais detalhadamente, o que são relações interpessoais. Em uma primeira aproximação ao conceito, o que se oferece reter é que as relações interpessoais são laços ou redes de laços que ligam e interligam as ações das pessoas entre si. É nessa trama, que às vezes também nos trama, que as pessoas são, conhecem, sentem, agem, aprendem e vivem. Nem todas as ligações ou redes de ligações poderão ser consideradas ao nível da pessoalidade, embora toda ação do ser humano ligue-se, se direta ou indiretamente, a níveis mais conscientes, subconscientes e inconscientes com a pessoa que mora em cada um de nós, seja ela considerada na sua dimensão de regulação da vida de elevada racionalidade (*high reason*), dos sentimentos (*feelings*), das emoções (*emotions*) ou das estruturas e dinâmicas básicas da vida (*basic life regulation*) (Damásio, 1999, p. 55). Esses diferentes níveis de consciência, de representação, de intuição e racionalidade, de sentimento e emoção pressupõem que os sujeitos, quer do ponto de vista cognitivo, quer metacognitivo, ascendam a níveis de realidade qualitativamente distintos de acordo com as teses defendidas por Basarab Nicolescu (2000).

Por quê? Como? Em que medida? Naturalmente se perguntará. Para responder a essas questões, a concepção de Nicolescu sobre os níveis de realidade e de percepção e a introdução do princípio do terceiro termo "incluído", aliás, na linha de Lupasco, cujo mérito foi o de mostrar que *a lógica do terceiro termo incluído é uma verdadeira lógica, formalizável e formalizada, multivalente* (com três valores: A, não-A e T) e não contraditória" (Nicolescu, 2000, p. 24), parece uma excelente hipótese de trabalho para compreender e representar a realidade. A essa luz, Nicolescu acrescenta: "A compreensão do axioma do terceiro termo incluído – *existe um terceiro termo que é ao mesmo tempo A e não-A* — fica totalmente clara quando é introduzida a noção de níveis de realidade" (2000, p. 24), porque nos permite vê-la de um outro ponto de vista qualitativamente diferente.

Essa perspectiva proporciona-nos não só entender melhor a idéia de transdisciplinaridade, mas, sobretudo, o fato de essa idéia, de certa forma, possibilitar-nos a ultrapassagem de uma visão linear e binária da realidade, através de uma leitura espiralada, triádica, mais simbólica. Para isso, utilizarei o diagrama de Nicolescu (Figura 2.1) lido, reinterpretado e recontextualizado que, em nossa opinião, dá uma visão diferente e desafiadora dos sujeitos, dos objetos, do mundo, dos acontecimentos e da vida, suscetível de fornecer a uma outra compreensão das suas múltiplas facetas e relações, assim como ultrapassar dificuldades e contradições, dicotomias com as quais nos confrontamos no decorrer

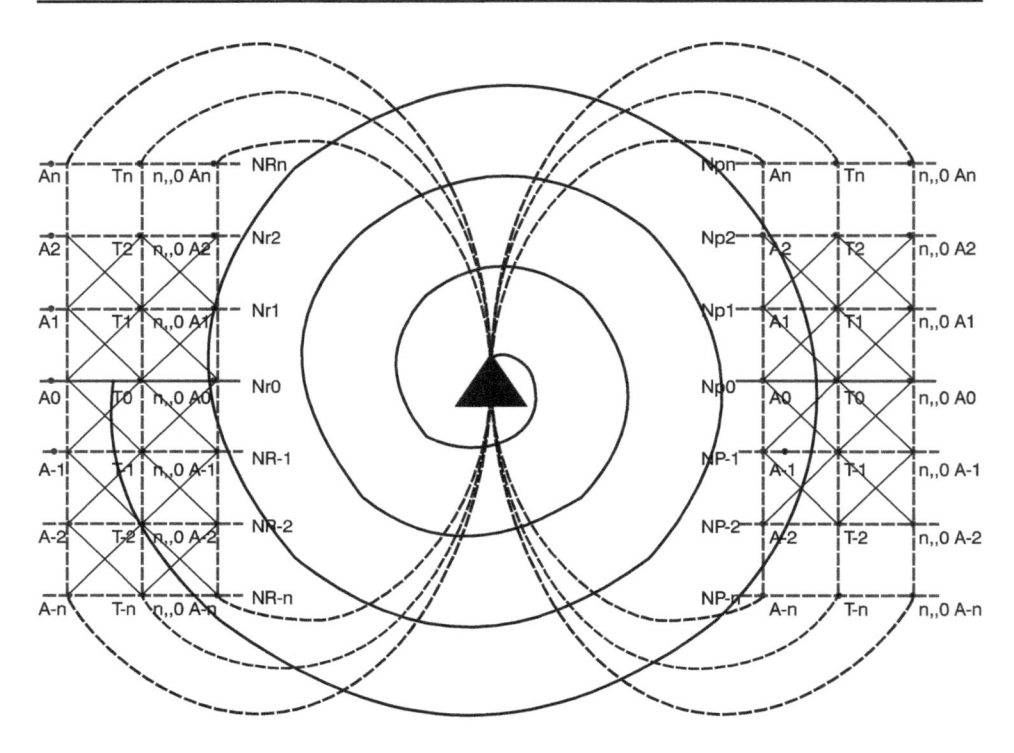

Figura 2.1 Diagrama sobre possíveis níveis de realidade e respectivos níveis de percepção à luz da admissibilidade do princípio de um terceiro termo incluído (Nicolescu, 2000; adaptada por Tavares, 2001).

dos tempos e cuja interpretação deu origem a diferentes concepções, teorias e escolas que se degladiaram em freqüentes e vivos debates.

Uma simples visualização e leitura da Figura 2.1, apesar de sua riqueza e complexidade, dá-nos uma boa idéia do que está em jogo na estrutura e na dinâmica interna da realidade antes mesmo de adiantarmos qualquer comentário e indicarmos possíveis implicações dentro dos propósitos que aqui nos movem. O diagrama põe em evidência a articulação (T0, T1, T2, etc.) de duas dimensões, a real e a imaginativo-representacional, que se enlaçam e entrelaçam em espiral através de uma terceira: a simbólico-comunicativa (Np0, Np1, Np2, etc.) em diferentes níveis de realidade (Nr0, Nr1, Nr2, etc.). Também as relações pessoais e interpessoais passam por essa dialética em que os diferentes níveis de realidade vêm à presença na "dança" espiralada dos diferentes níveis de percepção, representação, cognição e metacognição mais ou menos abstratos na própria dinâmica do ato de conhecer, também ele triádico, repesentado pelo triângulo central.

Como temos defendido, existem muitas relações que, embora pertencentes à pessoa humana, não poderão ser consideradas propriamente interpessoais, abertas, dialogantes, de alteridade, inteligentes, livres e responsáveis. Configuram-se mais como relações individuais, egoístas, de fechamento, indisponibilidade, embora também procedam da ação do ser humano, quer elas se processem mais ao nível biológico e emocional, do sentimento de si, quer a níveis cognitivos e metacognitivos mais puros, formais ou abstratos. É notório verificar, a esse propósito, que as linhas mais avançadas da investigação e da ciência sobre essas realidades são altamente convergentes com toda uma reflexão que vem do fundo do tempo e atravessa a história da humanidade, sustentando uma tese que nos é cara e que poderia enunciar-se do seguinte modo: a qualidade das relações interpessoais e, sobretudo, da relação de autenticidade e genuinidade, na sua dimensão afetiva, emocional, da consciência e do sentimento de si que elas pressupõem, irá configurar o verdadeiro rosto das sociedades futuras que se afunda em um passado remoto e está já bem patente na sociedade emergente.

Por isso, para podermos falar de relações interpessoais, é necessário garantir que essas relações satisfaçam um determinado número de atributos, de qualidades essenciais, como a reciprocidade, a dialeticidade, a triadicidade, a autenticidade, a verdade, a justiça, em que os níveis de consciência, de racionalidade, de sentimento de si, de emoção e de regulação vital são essenciais. Vejamos mais detalhadamente cada um desses atributos.

Reciprocidade

As relações interpessoais terão de funcionar nos dois sentidos e ser incondicionalmente positivas. Ou seja, as duas ou mais pessoas envolvidas na relação deverão reconhecer-se, afirmar-se, aceitar-se e confirmar-se mutuamente de um modo positivo e incondicional, glosando esse pensamento de Carl Rogers que se vai entroncar diretamente nas análises e na experienciação dialógica de Martin Buber, assim como em toda a filosofia da intersubjetividade. Um tal reconhecimento, afirmação e aceitação do outro não poderão ser apenas termos abstratos, racionais, mas terão de ser também afetivos e emocionais, envolvendo por inteiro a pessoa dos sujeitos implicados na relação. Na verdade, trata-se de uma relação dialógica, na segunda pessoa, em que toda a ação vai do eu ao tu e volta de novo ao eu em uma dinâmica espiralada e interminável na qual a medida da entrega em cada um dos seus momentos exige que seja o mais íntegra e completa, genuína e autêntica possível. Esta é uma das medidas mais expressivas e fidedignas em que a pessoalidade apresenta-se e representa na sua vinda ao lugar da relação dialógica e da comunicação com o outro, de um tu que é igualmente um eu que se interpelam e exprimem no face a face de um rosto, "sem rosto, sem imagem", como diria Levinas, tocando desse modo o mais fundo da sua identidade, quer ela se processe ao nível do *proto-self*, *core self* ou *autobiographical self* (Damásio,1998). É também nessa relação dialógica de entre dois que é três em um e um em três que vem ancorar-se a aliança inter-humana no seu sentido mais autêntico e possibilitar a verdadeira solidariedade e tolerância de que as sociedades contemporâneas parecem cada vez mais carentes.

Dialeticidade

Este atributo decorre do anterior, mas imprime-lhe mais força e uma dinâmica especial. Ou seja, as relações interpessoais são recíprocas e dialéticas. Em outras palavras, as pessoas envolvidas na relação deverão entregar-se positiva e incondicionalmente uma à outra sem se fundirem, reduzirem ou anularem, permanecendo uma em frente à outra com toda a sua dignidade e altura. Nessa relação dialógica, a medida de as pessoas darem-se, entregarem-se, deverá ser por inteiro, sem comprometerem em nada a unidade e a unicidade de si mesmas. Digamos, nas relações interpessoais, a medida da sua abertura ao outro, da sua alteridade é a medida da sua identidade, una e única. Ou, como diria Damásio

(1999), o lugar e, porventura, o não-lugar em que o sentimento do proto-si (*proto-self*), do si nuclear (*core self*) e autobiográfico (*autobiographical self*) unem-se realmente, pois é na sua confluência substantiva e relacional que se ergue a identidade da pessoa que mora em cada um de nós, corpo e espírito, cérebro e mente, espírito encarnado, *minded brain*. E tudo isso dentro de uma enorme subjetividade que parece não ser compatível com uma certa rigidez "neurobiologizante" que atravessa as teses de Damásio e emprestam-lhe, a nossos olhos, alguma não-razão, apesar da oportunidade e da fundamentação de suas contribuições nas investigações mais avançadas sobre a matéria. Porém, esta é uma idéia que defendo há algum tempo, e que gostaria de aprofundar um pouco mais, pois julgo ser um dos grandes desafios com os quais se defrontará a investigação de Damásio e todas as outras que se mantiverem dentro de uma lógica binária que não parece ter possibilidade de superar essa grande dicotomia que atravessa toda a história do pensamento e da ciência: *corpo e espírito*. Certamente, essa problemática transvasa os propósitos que orientam a nossa reflexão neste momento e, por isso, terá que aguardar ainda um pouco mais para poder ser considerada e debatida.

De qualquer modo, essa nova visão da realidade deverá ser equacionada pelo menos como hipótese de trabalho. Parece ser, efetivamente, no interior dessa dialética fundamental, estrutural, estruturante e auto-reguladora que as relações interpessoais assumem o seu verdadeiro significado e sentido como temos insistido e cujo modelo de funcionamento apresentamos na Figura 2.2 aqui reproduzida por nos parecer que os avanços mais recentes nos domínios das neurociências e da ciência cognitiva têm-lhe dado ainda mais força e atualidade. Esse modo de olhar para as coisas também não nos parece andar longe das bases em que assenta o manifesto da transdisciplinaridade de Basarab Nicolescu e que decorre claramente do diagrama apresentado na Figura 2.1, em que se impõe passar de uma lógica binária para uma lógica ternária na representação e na compreensão da realidade e possibilitar a abertura a um reordenamento da ciências em moldes mais inter, pluri e transdisciplinares.

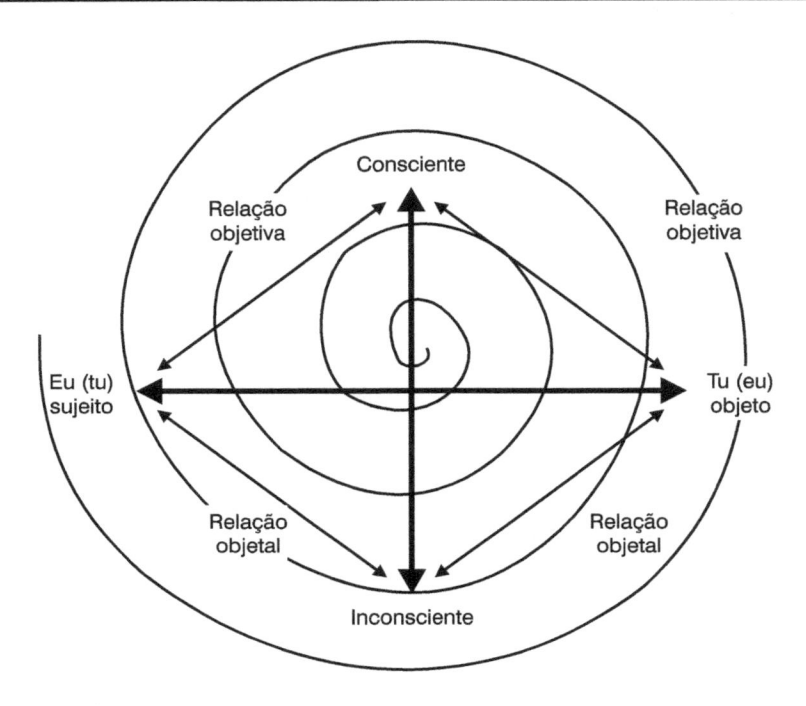

Figura 2.2 Dinâmica subjacente às relações interpessoais no psiquismo humano.

Triadicidade

A triadicidade dá à reciprocidade e à dialeticidade o verdadeiro sentido e profundidade, introduzindo-a diretamente na natureza da dinâmica ternária do psiquismo humano: o real, o imaginário e o simbólico. Assim, a dinâmica intrapsíquica que se estabelece nas relações intra e interpessoais não é uma dinâmica de linearidade binária entre as suas diferentes instâncias, o real, o imaginário e o simbólico, se evocarmos a trilogia lacaniana, mas triádica, tridimensional, porventura "trinitária", que se manifesta nas grandes religiões e, designadamente, na tradição taoísta e judaico-cristã.

As relações interpessoais pressupõem um justo equilíbrio dialogante, falante, entre essas três instâncias, sem quebras nem interrupções, sem roturas nem sintomas. Toda ação autêntica e genuinamente humana, pessoal, desdobra-se no interior dessa dinâmica dialogal fundamental e fundadora que vai do real ao imaginário e volta novamente à realidade, via simbólico, em uma espécie de dança triádica ou "trinitária" na qual um é igual a três, ou três em um e um em três, como dizíamos antes. Quando essa dança perde o pé, o ritmo, o sentido e entra em estados de fusão linear, acontece o sintoma, o "pecado", o corte, a rotura que interrompe ou quebra a relação dialogante intrapessoal e condiciona ou altera qualitativamente a natureza das próprias relações interpessoais. A dimensão triádica da relação ajuda-nos, sem dúvida, a compreender muitas das situações problemáticas ou perturbações do comportamento humano e a encontrar as respostas mais adequadas para o seu restabelecimento e reequilíbrio, a resolver os problemas e a adaptar-se à realidade. Também aqui as teses de Nicolescu sobre o princípio ou axioma de "terceiro termo incluído", ou seja, a existência de um terceiro termo no qual se articulam e elevam os diferentes níveis de realidade e de percepção que permite superar muitas das dicotomias e contradições até agora incontornáveis dentro de uma lógica binária, revestem-se de grande atualidade e relevância. No entanto, trata-se de uma hipótese de trabalho que ainda terá de aguardar mais algum tempo para ser mais estudada e fundamentada, embora as perspetivas e os desafios que coloca sejam verdadeiramente aliciantes e, até, provocatórios.

A simples análise de certos comportamentos humanos faz depararnos com situações que são paradigmáticas a esse respeito. A título de exemplo, poderíamos citar uma das mais comuns e expressivas: o conhecimento de uma notícia ou de uma fatalidade inesperada agradável ou desagradável. Diante de situações dessa natureza, normalmente as pessoas têm dificuldade de adaptarem-se à realidade, desenvolvendo estados de medo, de grande euforia ou de ansiedade, angústia e até desespero. Daí a necessidade de ascenderem a um outro ponto de visão, de representação, de conhecimento, que pressupõe a capacidade de pensar e de sentir a realidade em um outro nível e desfazer o dilema criado e, assim, reduzir o grau de ansiedade, de angústia e, porventura, de desespero. É o terceiro termo incluído em que "A e não-A" poderão ser compatíveis e coexistir em um mesmo nível de realidade à luz de uma outra racionalidade. Porém, para que essa possibilidade aconteça, é preciso uma outra visão, uma outra perspectiva, talvez mais afastada e elevada, qualitativamente diferente.

Um outro exemplo do domínio da psicanálise que costumamos evocar, o qual é o complexo de Édipo, o qual apenas é possível resolver ou superar através de uma lógica ternária decorrente da própria dinâmica do psiquismo humano, e não em uma lógica binária ao nível do imaginário. A criança terá de sair do seu estado de fusão imaginária pela via da racionalização simbólica. Poderíamos multiplicar os exemplos, mas julgo não ser necessário para entender quais as razões que se encontram por trás da triadicidade das relações humanas à qual atribuímos uma ênfase especial nesta nossa reflexão. Mais uma vez, as teses de Nicolescu têm todo o seu cabimento e ajudam-nos, sem dúvida, a resolver esse tipo de situações se formos capazes de subir a um outro nível de realidade e da sua percepção e representação dentro da dinâmica que o diagrama da Figura 2.1 possibilita-nos.

Autenticidade

As relações interpessoais recíprocas, dialéticas, triádicas ou tridimensionais, "trinitárias", deverão ser autênticas. A autenticidade é uma outra qualidade essencial dessas relações que tem sido referida por inúmeros autores que não irei mencionar. Contudo, não posso deixar de repisar uma idéia que nos é cara e que implica uma outra compreensão da verdade das relações, não no sentido de simples adequação, mas de *alêtheia*, que vela no próprio ato de revelação ou de vinda à presença no "face a face de um rosto sem rosto". Esta é uma das idéias que, na linha de Husserl, Heidegger, Merleau-Ponty e, conseqüentemente, na linha da fenomenologia, da hermenêutica e do humanismo judaico, constitui uma das traves mestras da meditação de Manuel Levinas que nos conduz à não-violência da representação e à experienciação ética fundamental em que a anarquia, que me permite ver, intuir, sentir, antes de pensar, aquém e além do próprio pensamento, impõe-se como uma condição *sine qua non* e me torna responsável antes de ser livre. Ou seja, a minha responsabilidade pelo outro precede a própria liberdade. É a lógica da "an-arquia", porventura também ternária e a exigir uma outra lógica, que conduz para antes dos princípios, das razões, da pura racionalidade qualquer que ela seja e para além das lógicas binárias da representação lógico-matemática e lingüística e permite-me assistir ao acontecer da realidade em toda a sua espontaneidade e altura, à luz da aceitação, por que não, do axioma do terceiro termo incluído, lugar e não-lugar, tempo e não-tempo ou além tempo em que a visão e a realidade que lhes serve de suporte e aí, se diz, são diferentes. Não será este um outro nível de realidade e um modo diverso, talvez mais cibernético, de representá-la e exprimi-la? É uma questão que gostaríamos de deixar em aberto, apesar de nossa pressa e inquietação para procurar respostas, pelo menos requestionando permanentemente.

Justiça

Talvez a realidade vista por este ângulo assuma toda a sua justeza, seja mais verídica e autêntica. Justiça que é o lugar da sua verdadeira medida e não-medida como eqüidade, espontaneidade, transparência, diferença, afirmação e negação, equilíbrio e desequilíbrio, luz e trevas, verdade e mentira, a voz da razão, dos imperativos categóricos, e a voz do coração, do cuidado pelos outros, do encontro e desencontro de todas as contradições e dilemas, lugar e não-lugar, tempo e não-tempo. É a justeza da aceitação em nós e nos outros dessa realidade que é consciência e inconsciência, espírito e matéria, alma e corpo, cérebro e mente, objetividade e subjetividade. Digamos, possibilidade desse ponto de articulação de todas as divergências e contradições, o terceiro termo incluído e a sua transcendência real e comunicativa em que os dois registros maiores do discurso, a metáfora e a metonímia, assumem toda a sua força expressiva e comunicacional.

Todos os atributos e as qualidades das relações interpessoais aqui alinhados falam-nos efetivamente da sua verdadeira essência. E a sua natureza, o seu funcionamento que se explicita na ação, no comportamento das pessoas? É esse o outro lado da questão, como referíamos antes. Embora a resposta a essa pergunta decorra naturalmente da essência dessas relações, procuraremos dá-la de um modo mais contextualizado e incisivo nos pontos seguintes desta reflexão, os quais se ligam diretamente com as atividades, os comportamentos e os artefatos, as criações da pessoa, que são o prolongamento e a conseqüência da sua própria ação.

ESCOLA REFLEXIVA: NOÇÃO E CARACTERÍSTICAS

Na lógica de tudo o que afirmamos anteriormente, uma escola reflexiva deveria ser antes de mais nada uma escola de pessoas que pensam, sentem, sofrem, vivem, agem e interagem, colaboram entre si: a escola dos professores, educadores, técnicos e demais agentes educativos. Por conseguinte, todos esses agentes deveriam ser essencialmente reflexivos, com um verdadeiro conhecimento e sentimento de si e dos outros. Isabel Alarcão, no âmbito de uma nova concepção didática e de supervisão em formação de professores mais reflexivos, tem centrado a sua atenção, investigação, reflexão e intervenção pedagógica e de gestão sobre essas temáticas. Embora, em um primeiro momento, tenha enfatizado mais os professores, atualmente o objeto das suas preocupações é a escola como um todo dinâmico, consciente, responsável, vivo, atuante e transformador da sociedade, qualquer que seja o nível em que atue. Uma escola reflexiva é uma comunidade educativa que aprende e que se desenvolve de um modo rápido, inteligente, diferenciado. A sua definição dá-nos uma idéia clara e amadurecida dessa concepção de escola, a saber: uma realidade que "continuamente se pensa a si própria, na sua missão social e na sua organização e se confronta com o desenrolar da sua atividade em um processo heurístico simultaneamente avaliativo e formativo" (Alarcão, 2001, p. 13). Julgo que essa definição é clara e dispensa outros comentários.

É também nessa linha, embora com incidências distintas e mais focadas em autores como António Nóvoa, Kenneth Zeichner, Donald Schön e tantos outros, que, em certa medida, retomam a reflexão epistêmica e educacional de John Dewey na qual, em nossa opinião, faz-se apelo a uma nova epistemologia, uma epistemologia de sinal diferente, mais afetiva, emocional, a fazer emergir o mundo, as pessoas, os acontecimentos e toda a rede de relações que os liga e entretece a uma outra luz mais humana e planetária, assentada em uma outra racionalidade. Seria uma outra lógica menos binária e dicotômica e mais ternária, "trinitária", ou simplesmente triádica, que nos permitisse ascender a um outro nível de realidade e sua representação.

Entretanto, não é nosso intuito fazer a história de como as teses sobre o professor reflexivo ligam-se com as diferentes concepções e práticas pedagógicas e epistemológicas de um passado mais próximo ou afastado no tempo, mas apenas voltar a nossa atenção sobre o que, de fato, deve ser feito para mudar as concepções e as práticas para que a escola seja mais consciente dos seus objetivos e funções, da sua missão e, conseqüentemente, mais reflexiva e capaz de mudar, de transformar-se, talvez ao ponto de sofrer uma transmutação genética, psicológica, social, cultural, para ir ao encontro das necessidades dos alunos e dos desafios dos novos tempos. E uma das coisas a serem mudadas radicalmente são, com certeza, as formas, os processos de conhecer, aprender, ensinar e investigar nesta nova sociedade do conhecimento e da informação. Talvez não seja apenas necessário aprender a aprender, mas aprender a desaprender para reaprender e empreender de forma diversa e a um nível qualitativamente diferente com base em métodos, estratégias, conteúdos e formas de organização, gestão e avaliação distintos.

É justamente essa nova perspectiva que gostaríamos de vincar aqui para entender e perceber a que sociedade do conhecimento, da informação e da comunicação, mais reflexiva e empreendedora, que aprende, desaprende e desenvolve-se, estamos referindo-nos e para a qual caminhamos a largos passos.

Este é, com certeza, o grande desafio e o grande afazer que neste momento nos ocupa, na linha do que temos defendido, repetidas vezes, em outros lugares, oralmente e por escrito e a que diferentes instituições, qualquer que seja o nível de formação no qual se insiram, não poderão ficar alheias. É a construção do novo conhecimento e da nova aprendizagem e a sua transformação em "conhecimento pedagógico" nos sistemas de formação que, na realidade, impõe-se progressivamente. O que acontece é que as vagas do epistemologicamente mais correto e consistente ainda não chegaram a estas praias e será preciso esperar mais algum tempo para que isso ocorra.

RELAÇÕES INTERPESSOAIS E ORGANIZAÇÕES MAIS PESSOALIZADAS, REFLEXIVAS, FLEXÍVEIS E RESILIENTES

Certamente, não é novidade para ninguém que os atributos de pessoalidade, flexibilidade, reflexibilidade e resiliência são próprios dos seres humanos e, apenas metafórica e indiretamente, aplicam-se às instituições e às organizações, que deverão ser reflexivas por excelência. Quando relacionamos ou estabelecemos um termo de comparação entre relações interpessoais e organizações pessoalizadas, flexíveis, reflexivas e resilientes, aceitamos que existe um fundamento positivo, de convergência ou coerência entre os dois termos da comparação. Hoje, essa realidade começa a colocar-se também através da retomada do conceito de Resiliência e Educação (Tavares et al., 2001).

Embora a noção de resiliência, do verbo latino, *resilio*, de *re+salio* "saltar para trás", com maior tradição nas línguas anglo-saxônicas, que aqui revisitamos e começa a emergir efetivamente nas maneiras de ser e de estar das sociedades contemporâneas, esteja ligada à capacidade de elasticidade e flexibilidade dos materiais e tenha sido transposta mais tarde para as pessoas e organizações, não há dúvida de que se está verificando uma convergência de idéias, atitudes e práticas, oriundas dos mais diversos quadrantes, que defendem implícita ou explicitamente o desenvolvimento dessas capacidades e competências. A nova ordem social e comunitária, talvez por razões mais de autodefesa e subsistência do que filantrópicas, aponta claramente nessa direção. Também começa a ser um ponto assente que as organizações serão tanto mais resilientes e flexíveis quanto mais e melhor se aproximarem da dinâmica relacional intra e interpsíquica própria das pessoas, no sentido mais autêntico, de seres abertos, reflexivos, responsáveis, tolerantes, autônomos e colaborativos. Como temos referido (Tavares et al., 2001), os atributos da qualidade de resiliência têm muito a ver com elasticidade, flexibilidade, abertura, reflexibilidade, disponibilidade, naturalidade, vida, espírito, lucidez, inteligência, emoção, liberdade, autonomia e responsabilidade, elementos que confluem naquilo que se entende por pessoa (*persona*), "máscara", a parte mais consciente do mundo interior do ser humano contraposta à de *animus*, a sua alma física (Descartes), em cuja intersecção reside a identidade de cada um, o seu *self*, nos seus três níveis, como escreve Damásio (1999, p. 89): o *proto-self,* o *core self* e o *autobiographical self,* no contexto da dialética entre o mundo interior e exterior (Jung) cujas explicações mais recentes da ligação cérebro-mente vêm confirmá-las (Gardner, Goleman, Damásio, Lira Miranda, entre muitos outros).

É nesse quadro que o nosso questionamento sobre o que são pessoas e organizações resilientes, reflexivas e inteligentes, na perspectiva de Senge, como se desenvolvem e qual a sua relação com os sistemas burocráticos e rígidos poderá ter algum significado. A esse propósito, cumpre-nos perguntar, embora as respostas não sejam muito convincentes e não acrescentem nada de novo: será razoável e possível desenvolver nas pessoas e nas organizações capacidades mais resilientes, flexíveis e persistentes que as levem a responder mais reflexiva, espontânea e eficazmente aos desafios da sociedade em que vivem?

As realidades, tal como hoje se conhecem, sentem e vivem, chegam-nos pelos mais variados e poderosos meios da comunicação social com os avanços científicos e tecnológicos mais recentes da comunidade científica e dos mais diversos campos do saber, em uma perspectiva uni, pluri, inter e transdisciplinar; apresentam-nos uma sociedade que começa a exigir, cada vez mais insistentemente, respostas que as pessoas, as organizações, as estratégias, os meios mais ou menos sofisticados e poderosos deverão conceber-se, organizar-se, realizar-se e avaliar-se de uma forma diferente.

É também cada vez mais patente e pacífico que essas novas formas de organização e comportamento pressupõem uma outra lógica que ajude a superar muitas das dificuldades, das confusões e, sobretudo, das contradições escandalosas e gritantes que persistem, em grande medida, devido a interesses de poder ou aos apadrinhamentos que lhe estão subjacentes. Será que o aprofundamento de sociedades mais reflexivas, com base no conceito de resiliência, em boa parte oposto ao de burocracia, constitui o caminho mais adequado para:

    a) conceber e modelar essas novas pessoas, organizações, de que uma escola mais reflexiva é apenas uma conseqüência;
    b) apontar as melhores estratégias a implementar;
    c) escolher os melhores meios?

Será este o novo rosto das escolas, na sociedade planetária emergente, para a qual se aponta e se pretende mobilizar as pessoas e as organizações? É o que iremos considerar nos pontos seguintes ao aprofundar as relações interpessoais em um escola reflexiva que constitui o objetivo maior desta nossa reflexão.

RELAÇÕES INTERPESSOAIS E ORGANIZACIONAIS EM UMA ESCOLA REFLEXIVA MAIS FLEXÍVEL E RESILIENTE

Em nosso entendimento, a pessoa não é apenas a "máscara" que a sua etimologia veicula nem a parte mais consciente do humano, e sim "alguém" flexível, reflexivo, aberto, criativo, livre, inteligente, emocional, autêntico, empático, disponível, comunicativo, resiliente, capaz de resistir às mais variadas situações, mais ou menos complicadas e difíceis, sem quebrar, sem perder o equilíbrio, por mais adversas que essas mesmas situações se lhe apresentem. Essa descrição dá bem a idéia da pessoa como um sujeito que toma decisões e, por conseguinte, é capaz de auto-regular-se a partir da sua capacidade de auto-estima e de autocontrole, o que pressupõe não apenas conhecimentos abstratos ao nível cognitivo e metacognitivo, mas sobretudo competências básicas e específicas, cognitivas, afetivas, atitudinais, decisórias, em que a consciência emocional e o sentimento de si assumem uma importância primordial.

É a essa realidade que a reflexibilidade e a resiliência, como uma das dimensões da pessoalidade, faz apelo e contrapõe-se a estados primários de rigidez, quer ao nível dos materiais e das substâncias vivas, quer ao nível da sensibilidade, das idéias, dos processos, das atitudes, dos comportamentos.

A essa luz, ser reflexivo, resiliente implica a aquisição de uma certa invulnerabilidade, mas sem tornar a pessoa insensível, indiferente. Tanto a reflexibilidade quanto a resiliência são o desenvolvimento natural de certas capacidades ao nível do próprio *self*, da identidade de permanecer e evoluir no fluxo e refluxo livre, dialógico, dialético e triádico da realidade intra, inter e transpessoal. Esses conceitos funcionam automática e espontaneamente no interior da dinâmica do psiquismo humano em interação com a sua envolvente bioneurológica, psicológica, social, axiológica, cultural e lingüística.

As organizações e, neste caso, as escolas serão elas também reflexivas, inteligentes, flexíveis, resilientes na sua essência, na mesma medida em que, de certa forma, são extensões das pessoas? Sabemos que as organizações também podem ser mais autoritárias, centralizadas, rígidas, fechadas, burocráticas ou mais democráticas, descentralizadas, flexíveis, abertas, inteligentes, livres e responsáveis, que são características ou atributos próprios das pessoas. Sabemos ainda que uma sociedade será tanto mais reflexiva, inteligente, flexível, resiliente quanto mais se assentar em pressupostos organizacionais de democraticidade, abertura, consciência e sentimento de si, responsabilidade, autonomia e capacidade de partilha. Nesse sentido, organizações mais reflexivas e resilientes estão normalmente no polo oposto das organizações burocráticas em que predomina a rigidez, a lentidão nas respostas, a falta de abertura, de confiança, de partilha nos processos e nas estratégias de decisão e nos resultados, quer eles sejam favoráveis ou desfavoráveis. Contrariamente, nas instituições e organizações democráticas existe partilha entre os patrões e os trabalhadores, no esforço, nos compromissos, nos processos, nas estratégias, na vida, no futuro da empresa ou da sua reorganização e adaptação para ser competitiva e, conseqüentemente, nos lucros.

Edward Deevy (1997, p. 9) representa de um modo muito simples o que acontece nesses dois tipos de organizações, que poderiam ser facilmente transpostos para a realidade da escola reflexiva que se deseja, a saber:

a) Na organização democrática ou resiliente, uma ordem ou pedido entram pela cúpula, pela direção ou por outro setor e são organizados e enviados ao setor ou setores mais adequados que disparam a resposta, no mais breve espaço de tempo, informando apenas a direção do seu teor, a não ser que haja problemas ou a ordem deva ser reconsiderada e reenviada a outros setores.

b) Na organização burocrática ou rígida, a ordem entra pela cúpula, pela direção, percorre os diferentes órgãos subalternos para receber as diferentes informações ou contribuições e volta novamente, à direção ou às cúpulas para preparar e emitir a resposta (Figura 2.3).

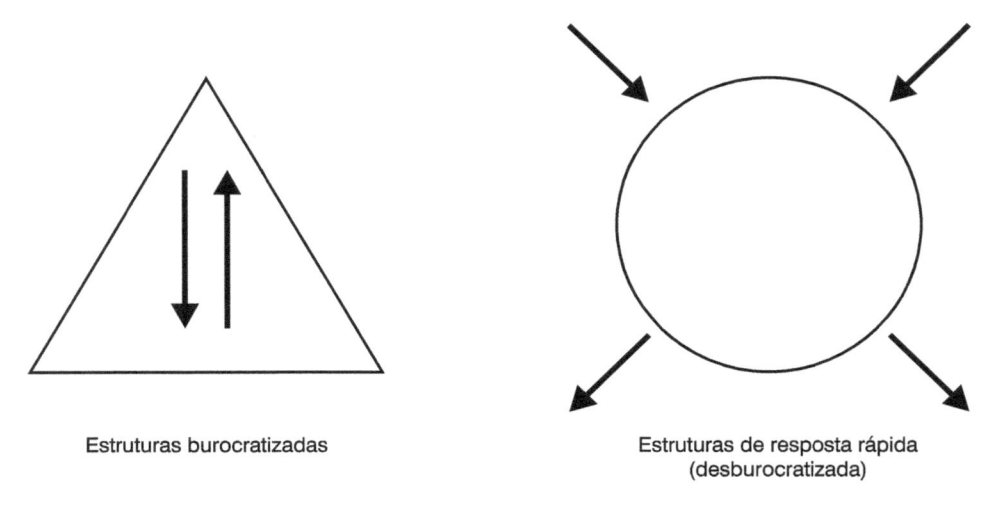

Estruturas burocratizadas   Estruturas de resposta rápida
                                         (desburocratizada)

Figura 2.3 Esquematização de Deevy, 1995 (adaptada por Tavares, 2001).

Assim, é fácil concluir que um sistema burocrático, autoritário e centralizado é muito mais lento que um sistema democrático, descentralizado e, por conseguinte, menos resiliente. Normalmente, também é menos competitivo e eficaz, sobretudo nas sociedades atuais em que tudo anda muito rápido, sendo preferível uma decisão célere, embora não seja a mais acertada, à indecisão ou às decisões muito acertadas, mas que chegam sempre fora de tempo. Tornar as organizações mais reflexivas e resilientes é, portanto, desenvolver-lhes capacidades que as tornem o mais flexíveis e rápidas possível nas suas respostas e, ao mesmo tempo, mais seguras, rigorosas, adequadas, de melhor qualidade, mais semelhantes às pessoas desenvolvidas e equilibradas.

Portanto, uma organização reflexiva, flexível, resiliente é uma organização inteligente, na qual todas as pessoas são livres, responsáveis e funcionam em uma relação de confiança, de empatia, de solidariedade, de entre-ajuda, em qualquer nível do sistema ou da realidade, como algo que lhe é próprio, em que o sucesso nos processos e nos resultados não é alheio a ninguém, e sim partilhado por todos. Ou seja, as organizações democráticas são realidades reflexivas enquanto sistemas vivos e inteligentes, dialéticos e dinâmicos cujo funcionamento tende a imitar o do próprio cérebro, que é altamente democrático, flexível e resiliente tal como provam as investigações mais recentes e avançadas e, designadamente, as de António e Hana Damásio, entre muitos outros. No entanto, é importante notar que, sem perder a sua função mais geral, o cérebro tem uma enorme autonomia e flexibilidade em relação às diferentes tarefas que lhe são exigidas, quer ao nível do córtex, dos sistemas límbico e reptiliano, embora a complexidade do psiquismo humano não possa reduzir-se a uma arquitetura e funcionamento bioneurológico. Porém, essa é a grande questão que, em minha opinião, continua em aberto e desafia os investigadores.

Será este também o caminho a ser seguido para desenvolver uma escola mais reflexiva? É a resposta a essa questão que continuaremos a procurar através de diferentes enfoques.

A NOVA SOCIEDADE PRECISA DE CIDADÃOS, DE ORGANIZAÇÕES E DE ESCOLAS MAIS REFLEXIVOS, INTER-RELACIONADOS, RESILIENTES

Na sociedade emergente, que se quer de qualidade e excelência, tudo aponta para organizações nas quais as escolas deverão ter um relevo especial, ser mais desenvolvidas, reflexivas e flexíveis, mais resilientes, capazes de dar respostas rápidas e eficazes, ainda que os custos sejam mais elevados. Essa rapidez e eficácia, porém, não se compadecem com sistemas burocráticos demasiadamente complexos, pesados, lentos, rígidos, concentrados, autoritários. Diante dessa situação, não se aconselha o caos, a confusão, a anarquia, mais ou menos organizada, mas também sabemos que as organizações mais democráticas, reflexivas, rápidas, eficazes, flexíveis, persistentes, resilientes são as que respondem melhor aos desafios dos novos tempos.

A simples análise de uma situação que nos é bem familiar e sugestiva, que costumamos evocar nas nossas reflexões, é a da chegada de um doente a um serviço de urgência hospitalar, porque ela nos dá uma boa idéia da realidade que estamos tentando compreender. Nesse caso, como se mede a capacidade de resposta? Certamente pela rapidez, pela atenção e pela eficácia, pela competência, pela autonomia e pela entre-ajuda, ao nível dos recursos humanos, dos equipamentos, dos materiais e das instalações na recepção, do atendimento e da resolução do problema. A equipe de urgência, seja ao nível das pessoas ou dos sistemas, equipamentos e instalações, deverá responder pessoal e localmente o mais rápida e eficazmente possível, isto é, refletir e decidir se é capaz de resolver o problema ou de enviar o doente para outro serviço com a maior economia de riscos e de tempo. Esse exemplo poderia ser transposto, com os devidos ajustes, para muitas outras situações na vida das organizações e, conseqüentemente, das escolas que queiram prestar serviços de qualidade e até mesmo de excelência. Nesta nossa reflexão, interessa-nos sobretudo chamar a atenção para a dinâmica interna e externa de um sistema e verificar a eficiência e a qualidade das suas respostas, e por que não dos seus produtos, tendo em conta a rapidez, a flexibilidade, a capacidade de reflexão e decisão, a adequação da resposta, a economia de recursos e de riscos.

Portanto, uma organização que pretende ser mais reflexiva, flexível, resiliente, organizada, democrática, de qualidade e eficaz não poderá descurar esse tipo de exigências nos seus objetivos e nas respostas que pretende fornecer sempre que é chamada a intervir. Não se pode ficar muito tempo pensando, refletindo, dialogando, à espera de encontrar a solução ideal, esquecendo que urge também agir o mais rápido possível.

As sociedades em que vivemos e para as quais caminhamos a velocidades vertiginosas fazem um apelo, cada vez com mais insistência, a pessoas, cidadãos e organizações mais reflexivos e resilientes. Entretanto, essa realidade é uma conseqüência do próprio desenvolvimento humano e implica que a formação dos diferentes profissionais, quaisquer que sejam, terá de considerar seriamente esses aspectos se pretender estar à altura da sua verdadeira missão. Todavia, continuarão a colocar-se as questões: como fazer isso? Com quê?, Com quem? Em que circunstâncias? Contudo, nem por isso o nosso esforço deverá esmorecer na busca das melhores respostas, na certeza de que, se houver uma maior conscientização da sua real importância, tudo ficará mais facilitado. É a tal necessidade da construção de um novo conhecimento e de uma nova aprendizagem nos sistemas de formação a partir de uma visão da realidade e da sua percepção e representação a um outro nível de análise e interpretação com base em outro paradigma epistemológico.

Essa visão da realidade pressupõe que a formação dos cidadãos para as novas organizações seja feita à luz de uma outra racionalidade e em moldes diferentes, talvez com base na aceitação de uma outra lógica, de uma lógica ternária, insistimos, assente na possibilidade, a que nos referíamos antes, de aceitar o axioma do terceiro termo incluído como uma nova via a prosseguir.

Essa tese, que nos é cara e na qual já vimos apostando há algum tempo, decorre naturalmente de tudo o que acaba de ser dito. Assim, os cidadãos terão de ser preparados, formados, de maneira diferente para poderem dar respostas mais adequadas, competentes, democráticas e eficazes aos enormes desafios que os esperam na nossa sociedade emergente.

Como? É a pergunta, incômoda e persistente, que se coloca a nós e continua a exigir novas contribuições para uma resposta mais completa e adequada. Será que as instituições, as escolas dos diferentes subsistemas de ensino e de formação estão atentas e preparadas para essa nova realidade e já perceberam o seu alcance? As escolas serão efetivamente capazes de responder a esses enormes desafios, que pressupõem transformações radicais nas atitudes e nas concepções dos seus agentes, nos processos e nos conteúdos de ensino-aprendizagem, na sua organização e nos seus contextos? Os discursos e muitas das iniciativas dos principais responsáveis pela educação parecem começar a apontar nessa direção, embora os comportamentos e as práticas nem sempre sejam muito conseqüentes e não vão além de criar mais instituições e lugares para os seus amigos e para si próprios quando tiverem que abandonar os seus cargos atuais, que, no fundo, são mais do mesmo.

Urge passar à ação, assumindo decididamente a idéia de que o desenvolvimento de capacidades de desenvolvimento, no sentido de tornar as pessoas e as organizações mais reflexivas, competentes e eficazes é uma prioridade incontornável na formação do novo cidadão. Trata-se mesmo de um imperativo social e comunitário inadiável não só ao nível local, mas também regional, global e planetário. Como temos insistido, o mundo está ficando demasiadamente insensível, inconseqüente, rígido e intolerante, autoritário, ditatorial e, ao mesmo tempo, confuso e desnorteado, a defender os interesses egoístas de um número cada vez mais reduzido de privilegiados diante da grande maioria dos que vivem com dificuldades, desprotegidos, em extrema pobreza, miséria e outras formas de exclusão. Os contrastes atingem tal ordem de grandeza que tocam as fronteiras do desequilíbrio e da loucura.

É um fato, cada vez mais incontroverso e gritante, de que os números apresentados todos os dias nos grandes *fora* de debate e na comunicação social não deixam qualquer dúvida. Aí estão todos os dias centenas de milhões de deserdados da sorte a baternos à porta pelos mais variados meios e sinais. Não é escondendo essa atroz realidade e metendo a pequena minoria dos mais favorecidos em cofres de aço com os mais sofisticados mecanismos de alarme e guardas à entrada que as sociedades ficarão mais seguras. A história está cheia de exemplos que provam o contrário, um dos mais recentes, e talvez o mais paradigmático, é o das repúblicas da antiga União Soviética.

É preciso desenvolver uma nova escola, mais reflexiva e humana, que realmente possibilite a aquisição e a construção de uma outra mentalidade, mais compreensiva, mais flexível, mais resiliente, baseada em valores de verdade, justiça, eqüidade e solidariedade, na qual a partilha dos bens seja feita de um modo mais equilibrado, pelo maior número e, se possível, por toda a gente. Mas também é preciso garantir que nessa partilha não sejam incluídos apenas os bens materiais, mas igualmente os do espírito, da cultura, do conhecimento, da informação, do bemestar e do lazer. Se assim não acontecer, será, com certeza, a convivência, a paz, no diálogo entre as diferentes culturas, a felicidade dos povos que será posta em sério risco.

Tudo isto é muito fácil de dizer e escrever, mas a verdade é que estamos na presença de evidências que apontam para o que deveria ser uma das grandes prioridades da educação do novo cidadão, ao nível local, nacional e internacional, como os grandes temas que deveriam mobilizar já a educação de qualquer país, ao nível da formação inicial, pós-graduada, contínua e profissional, da investigação e da cultura artística, tecnológica, humanista. Se assim não for, que sentido tem falar de desenvolvimento, de progresso científico, técnico, cultural, bem como de qualidade, de excelência, de solidariedade, de tolerância, de paz, quando uma grande maioria de deserdados da sorte, os "esfarrapados do mundo", como diria Paulo Freire, está cada vez mais longe dos bens materiais, da educação e da cultura, que são de todos e em situações desesperadas de carência e de miséria que ameaçam seriamente a sua própria subsistência? Os governantes, os políticos e os fazedores de opinião enchem os meios de comunicação social e as praças públicas com discursos sobre os grandes problemas do mundo, da miséria, da fome, da droga e de outras muitas formas de exclusão que hoje atormentam centenas de milhões de seres humanos. Porém, isso não basta; é preciso intensificar e concertar as formas de ação, evitar os enormes desperdícios e o mau uso e abuso dos recursos que pertencem a todos não apenas nos países menos desenvolvidos, onde o escândalo é mais notório, mas também nos que se encontram no topo do progresso científico, tecnológico, econômico e social. É por aí que passa o grande grito do mundo que terá que ser ouvido e acolhido, com urgência, se não por todos, por um número cada vez maior.

FORMAÇÃO DE PESSOAS E ORGANIZAÇÕES MAIS INTELIGENTES E REFLEXIVAS: O NOVO CONHECIMENTO E AS NOVAS APRENDIZAGENS EM UMA SOCIEDADE DE INFORMAÇÃO E COMUNICAÇÃO

A desburocratização e a humanização das sociedades emergentes pressupõem novos conhecimentos e novas formas de conhecer, investigar, aprender, ensinar e desaprender para empreender, construir e desenvolver em modalidades diferentes. A relevância e a transversalidade desse novo conhecimento, que exigem novas formas de pensar, de aprender e desaprender para aprender de um modo diferente, é uma realidade que hoje oferece cada vez menos dúvidas à grande maioria das pessoas e dos povos. Contudo, é preciso ir mais longe, e urgentemente, promovendo uma verdadeira transmutação "genética", psicológica, social, cultural, axiológica, como referíamos antes e gostaríamos de dar uma ênfase especial na transformação dos agentes, das instituições, dos sistemas de formação e dos processos de informação e comunicação que se reflita na sua concepção, organização, realização, gestão e avaliação. Além disso, é óbvio e de fundamental importância que a organização e a mobilização dos sujeitos, sejam eles individuais ou coletivos, deverá basear-se na informação, no conhecimento e, por que não, em um novo conhecimento. Parece ser igualmente verdade que não é possível mudar as pessoas e as organizações sem alterar suas mentalidades e concepções. Este é um outro corolário aceito também pela grande maioria das pessoas, que recebe tanto mais força quanto são elas os garantes, a condição *sine qua non* para que uma tal mudança seja verificada, na realidade. Mas, para isso, é necessária uma abertura assumida e efetiva às novas formas de informação e de comunicação que o novo conhecimento possibilita e até exige.

Novamente, é a volta a esse círculo que se dobra e desdobra indefinidamente em espiral entre cada ponto de partida e de chegada, possibilitando, assim, novos ângulos de visão, de representação e, eventualmente, a partir de diferentes níveis de realidade e a aconselhar abordagens mais inter, pluri e transdisciplinares, tanto ao nível da análise quanto da sua compreensão científica e filosófica. É justamente na razão dessa diferença que uma nova racionalidade possibilita que a mudança aconteça e lance-nos para o futuro em um movimento crescente e acelerado, *imparável*.

No entanto, alguém ainda poderá perguntar de que novo conhecimento e de que novas formas de informação e comunicação estamos, na realidade, falando? É a questão que se levanta de imediato e instiga-nos, espanta-nos, entusiasma e continua a desafiar.

Se refletirmos a fundo sobre a natureza e as implicações do conhecimento, facilmente concluiremos que não é possível nenhum tipo de iniciativa, de atividade, de atitude, de comportamento do sujeito humano sem que essa realidade cognitiva ou metacognitiva, implícita ou explícita, consciente ou inconsciente, esteja presente. A transversalidade do fenômeno do conhecimento é inquestionável não só nas sociedades tradicionais e modernas, mas sobretudo nas sociedades emergentes da informação e da comunicação que fazem apelo ao desenvolvimento de verdadeiras comunidades humanas e à dimensão do planeta, mais inteligentes, cordiais, tolerantes, livres e responsáveis. Sociedades com mais conhecimento, mais informação, que lhes permita uma nova visão do mundo, da realidade, bem evidente nos domínios da física, da química, da biologia, da psicologia, da sociologia, da filosofia e das artes. Uma informação que deverá revestir-se de um novo rosto mais intuitivo, afetivo, emocional, em que *the feeling of what happens*, o sentimento de si, de António Damásio, deveria estar subjacente a todo processo de decisão humana. Penso até que será através dessa nova racionalidade que se dará o salto qualitativo para o qual as linhas mais avançadas da investigação nos mais diversos domínios apontam claramente.

Portanto, não basta desenvolver redes, sistemas analógicos e digitais de comunicação cada vez mais sofisticados. Urge, sobretudo, atender à qualidade das mensagens que se disponibilizam e colocam nas chamadas grandes auto-estradas da informação, cada vez mais amplas e concorridas, em que o aumento exponencial da quantidade de informação não é acompanhado pela sua qualidade. Na verdade, começa a ser notória e preocupante a mediocridade e a banalidade dos produtos que circulam. É flagrante a sua desatualização, incompletude, superficialidade e inconsistência, meras demonstrações para fazer funcionar uma extensa e complexa rede de ferramentas com um potencial cada vez maior, mas que está longe de ser devidamente aproveitado para fazer chegar aos destinatários mensagens e conteúdos com qualidade e excelência que, tantas vezes, são apregoados e difundidos através de poderosas máquinas de *marketing*. Não basta dizer que é preciso fazer propostas, trabalhos de qualidade e excelência; é preciso realmente realizá-los e importa que após uma avaliação séria, isenta e rigorosa, sejam considerados como tal.

Por isso, um enorme desafio coloca-se a nós, cada dia com maior acuidade: a revisão, a sintetização e a adaptação dos conhecimentos aos avanços da investigação que está ocorrendo não só nos diferentes campos da realidade, mas sobretudo nas suas interfaces, exige, como temos insistido em outros lugares, o reordenamento da ciência e apela a novos processos e formas de pesquisa. É na intersecção dos diferentes campos do saber que o novo conhecimento está, na realidade, acontecendo. Para exprimir essa nova visão da realidade, quiçá a níveis qualitativos distintos, será preciso também encontrar as melhores formas de representá-la e comunicá-la com rigor, concisão, inteligibilidade e emoção.

Refira-se ainda que essa nova construção epistemológica, científica e filosófica, que possibilita e beneficia os avanços das tecnologias mais avançadas, começa a ser veiculada de um modo coerente e consistente nas grandes redes ou auto-estradas da comunicação da sociedade emergente e a alterar profundamente as concepções e os comportamentos das pessoas. Na realidade, novos paradigmas científicos, de formação e de socialização estão em movimento, diferentes dos apresentados na análise das revoluções científicas de Thomas Kuhn, uma obra que teve um elevado impacto nos anos 70 e prolongou-se até os nossos dias. Também será preciso dizer com firmeza e convicção que, subjacente a esses novos paradigmas, é cada vez mais visível a presença não de uma lógica tradicional, binária, nem mesmo de uma lógica newtoniana, mas de uma lógica ternária, nas perspetivas abertas pela física quântica, pela microbiologia e, em maior consonância com a dinâmica triádica do psiquismo humano, baseada na aceitação da possibilidade do axioma de um terceiro termo incluído que está possibilitando, em nossa opinião, uma outra visão da articulação espírito e corpo, homem e mundo, espírito e matéria, na qual a existência de novos níveis de realidade e de percepção é possível, mas exige uma outra concepção epistemológica mais pluri, inter e, sobretudo, transdisciplinar, bem como uma outra forma de representação, à qual a linguagem cibernética poderia dar uma resposta.

Essa tese da emergência de um novo ou de novos paradigmas científicos parte de uma outra concepção das capacidades do espírito e do engenho humanos que lhes permite ter uma nova atitude perante a realidade e a sua leitura e compreensão de outros pontos de vista. Assim, o potencial do ser humano, corpo e espírito, cérebro e mente, com todo o seu patrimônio hereditário, inato e adquirido, de natureza física, biológica, psíquica, social, cultural é visto de uma maneira articulada, mergulhando as suas raízes na emoção, no sentimento, na paixão. É através dos diferentes níveis da percepção, da imaginação, da conceituação, da afirmação e da generalização que a nova construção cognitiva possibilita o novo conhecimento que, por sua vez, transforma-se em conhecimento pedagógico, suscetível de ser comunicado e aplicado, em ação experiencial, em decisão, e desencadeia novos estados cognitivos e afetivos e assim indefinida e interminavelmente. É, mais uma vez, a espiral do desenvolvimento que emerge da ação emocional, atravessa a consciência e estende-se até a sabedoria que decide e age a um outro nível de realidade e a faz voltar novamente à ação e vir à presença na sua apresentação e representação através dessa dialética fundacional e estruturante: a metáfora metonímica ou a metonímia metafórica que se exprime, que se diz, no discurso, nas linguagens, no diálogo das culturas e multiculturas. Na verdade, é uma outra epistemologia que está em marcha e que poderíamos começar a designar por epistemologia emocional, na qual a dimensão afetiva assume a sua verdadeira e genuína importância.

Assim, as mais diversas redes, por mais sofisticadas e complexas que sejam e tendam a configurar toda a atividade humana, não poderão dissociar-se dessa nova mundividência. Se o fizerem, acabarão por ser reduzidas a meras redes digitais sem conteúdos ou de conteúdos ultrapassados e obsoletos e, por conseguinte, vazios de sentido. Na perspectiva da Escola de Palo Alto, o equilíbrio da comunicação passa pela dialética fundacional da ação humana, que é digital e analógica ou analógica e digital. Tudo tem o seu número, a sua medida, diria Pitágoras, mas as coisas não podem reduzir-se a simples números, porque a medida, o número, como princípio universal da realidade, é já um metanúmero que escapa à lógica binária da linguagem lógico-matemática e da representação estocástica para reencontrar-se na lógica ternária do terceiro termo incluído e na representação cibernética. De fato, esta é a nossa convicção firme, embora a sua demonstração acabe por desaguar no mistério em que o desajuste, o desencontro e a desproporção impõem-se de forma incontornável. Manter-se e incentivar esse equilíbrio dinâmico e dialético, vivo e atuante, que se vela no próprio ato do seu desvelar, é o grande desafio ao novo conhecimento, à nova racionalidade, a que o presente e o futuro terá de dar uma resposta à altura das novas exigências.

Na verdade, sem conhecimento, seja qual for o nível em que ele se processe, não é possível qualquer ação humana que nos permita agir, pôr em movimento, em direção a algo, em qualquer lugar e em qualquer tempo. Por isso, tanto nas organizações quanto nas pessoas, as novas maneiras de ser, de agir, de poder, de comunicar, de relacionar-se e de estar com os outros terão de corresponder a novas formas de conhecimento, informação e comunicação. Ao contrário, não poderá acontecer nada de significativamente substantivo e diverso.

PESSOAS E ORGANIZAÇÕES DESBUROCRATIZADAS, MAIS REFLEXIVAS E RESILIENTES IMPLICAM O DESENVOLVIMENTO DE NOVAS ATITUDES INDIVIDUAIS E COLETIVAS

Almejar organizações, sociedades e comunidades menos burocráticas sem alterar as atitudes das pessoas em relação aos modos de ser, de estar, de ter, de querer, de poder não faz qualquer sentido. É simplesmente um problema ético, de cultura e talvez de inter, multi e transcultura, como temos insistido. Essa multi ou transcultura precisa passar de uma visão mais estática e instituída para uma visão mais dinâmica e instituinte na vida das pessoas e das sociedades. Uma cultura ou transcultura em que as pessoas e as organizações deverão aprender a lidar com um ambiente difícil, hostil, desconcertante e ser capazes de escolher e decidir-se entre várias opções, não só em relação aos possíveis mercados de trabalho, mas também às mais variadas situações da vida, de uma maneira rápida e determinante. Essa nova cultura exige diferentes modelos organizacionais e conteúdos de aprendizagem e de formação distintos. Cada empregado ou trabalhador terá de manter uma elevada prestação na empresa, na instituição, e a sua atividade irá desenvolver-se de uma maneira livre e criativa, garantindo a cada um uma participação ativa e responsável nos processos e uma partilha justa nos resultados, nos lucros e nas perdas, caso existam.

Uma cultura em que seja incentivada e desenvolvida uma liderança saudável e inteligente, suscetível de colocar líderes competentes e de inteira confiança em cada setor ou segmento da empresa ou da instituição, não só ao nível do planejamento, da organização e da gestão, mas também ao nível das idéias, das concepções que os novos paradigmas científicos, comunicacionais e tecnológicos possibilitam para que uma mudança e uma transformação efetiva ocorra e permita uma outra visão do futuro, capaz de identificar as resistências à mudança e as razões anímicas e psicodinâmicas para avançar mais rápida e eficazmente. Nesse sentido, impõe-se criar apoios para que as pessoas e as organizações abram-se à mudança e promovam a inovação e a criatividade próprias de um espírito empreendedor e decidido e de organizações inteligentes e reflexivas.

É justamente para esse novo espaço que convergem as pessoas e os modelos organizacionais nas sociedades dos nossos dias e que querem ser mais humanas e inteligentes, reflexivas, ou seja, mais livres, responsáveis, autônomas e tolerantes, em que as relações interpessoais revestem-se de uma importância especial. É também sobre essa realidade que deverá emergir uma nova concepção e realização de escola, mais reflexiva e mais humana. A essa luz, as iniciativas de política social, educativa, científica e investigativa deverão optar por uma dinâmica conseqüente com tais objetivos; do contrário, estarão condenadas ao fracasso. É por isso que a desburocratização do sistema educativo e, designadamente, a idéia de repensar os currículos de um modo flexível nos diferentes sistemas de formação e educação, bem como na saúde, na justiça, na administração pública, sobretudo ao nível meso e micro, terá que avançar e realizar-se rapidamente. Essa flexibilização exige, como condição *sine qua non*, a volta do sujeito ao sistema com toda a sua rede de relações pessoais, sociais, culturais, de um modo mais assumido e dentro de uma outra racionalidade e organização. Este será o caminho que, em nossa opinião, irá abrir-se nos próximos tempos para prosseguir a saga da descoberta do ser humano, "esse grande desconhecido", em toda a sua dignidade e altura, não obstante os avanços da investigação nos domínios das ciências sociais e humanas dos nossos dias.

RELEVÂNCIA DAS RELAÇÕES INTERPESSOAIS EM UMA ESCOLA REFLEXIVA E SUAS IMPLICAÇÕES NA FORMAÇÃO

As relações interpessoais deverão ser reflexivas, flexíveis, resilientes por natureza pelo que a resiliência deverá ser considerada não apenas como um dos pontos de convergência do desenvolvimento pessoal e social das pessoas, mas também como um fator de equilíbrio interior e exterior dos sujeito. Não há dúvida de que uma pessoa que desenvolve capacidades acrescidas de flexibilidade e de resiliência terá possibilidade de um maior equilíbrio intra e interpsíquico. Ou seja, uma pessoa em que ao nível das diferentes instâncias do seu psiquismo, o real, o imaginário e o simbólico, tudo circula em um diálogo intrapessoal ajustado, normal, que é condição *sine qua non* para um normal funcionamento das relações interpessoais e da sua qualidade, seja do ponto de vista da sua reciprocidade, mais ou menos simpática e empática, seja da dialeticidade, que não reduz nem anula o outro, e da triadicidade, que permite o diálogo entre as três instâncias sem fusões ou confusões lineares, constitui já um lugar comum de nossas reflexões e intervenções orais e escritas. A esse propósito, gostaria de evocar uma outra realidade que lhe está subjacente e que se liga diretamente com a auto-regulação inter e intra-subjetiva no que concerne ao equilíbrio profissional, familiar, identitário (*self*) e social.

Ouve-se dizer, com freqüência, que os ritmos de vida, o estresse de muitas pessoas na sociedade emergente é simplesmente estonteante, diabólico, mas nem por isso as pessoas refletem sobre isso e perguntam muito o porquê. Corre-se ou espera-se nas longas filas para o trabalho, para a escola, para as creches, para os médicos, os psicólogos, os psiquiatras, os hospitais, as finanças; pressiona-se na execução das tarefas que deveriam estar prontas ontem, adiam-se e desorganizam-se as coisas em casa, não se tem tempo para conviver e estar com os amigos, com os outros, para ser, etc. Um estresse permanente e sem sentido que aflige cada vez mais as pessoas e as organizações. O pior é que se conhece o tratamento mais adequado: procurar acalmar os ritmos, descomprimir, descansar e mesmo parar para requilibrar os sistemas físicos, fisiológicos, neurológicos, psicológicos, axiológicos, sociais, culturais, mas não se aplica ou apenas muito poucos conseguem fazê-lo. Como é do conhecimento da grande maioria das pessoas, o sono e o próprio sonho, a viagem que todos os dias se faz por mundos desconhecidos, recriados com os restos das experiências dos estados de vigília mais ou menos agradáveis, tranqüilos, problemáticos ou até dramáticos, repõem e reequilibram muitos desses mecanismos através de uma articulação saudável entre os estados de vigília, de diálogo (estar acordado) e de monólogo (adormecer, dormir); sabe-se também que, às vezes, as perdas e as roturas são tão intensas e profundas que é necessário recorrer a outros meios mais poderosos e eficazes; sabemos, ainda, que para muitos e na grande maioria dos casos a saída dessa situação acaba por ser uma grande complicação, um verdadeiro drama para eles próprios e para as famílias, seja pelas drogas que alienam, automatizam e embrutecem, conduzindo as pessoas a uma total dependência e destruição completa, transformando-as em verdadeiros autômatos, trapos humanos, seja por outros desvios que não resolvem os problemas, e sim os complicam e aumentam.

Nesse contexto, uma escola mais reflexiva poderia ajudar as pessoas a melhorar as suas relações pessoais e sociais, no sentido de dar maior equilíbrio à sua vida biológica, psíquica e social, axiológica em relação ao modo de lidar com certas valências ou espaços de vida, como a profissão (carreira), a casa (família), o *self*, a identidade, a maneira de estar autêntica, natural, equilibrada consigo próprio e com os outros.

Encontrar um equilíbrio adequado entre essas valências ou espaços de vida, sem deixar que nenhum deles avance excessivamente sobre os demais, reduzindo-os ou até anulando-os, seria com certeza o caminho a seguir. Na verdade, as pessoas não podem absorver-se em excesso, transformar-se ou fundir-se nem com a sua carreira, com o seu trabalho, com a sua profissão, nem com a sua casa (fechando-se), nem consigo próprias (ensimesmando-se, idealizando-se), nem com os outros (divagando inteira e descontroladamente no fluxo e refluxo das relações). A dialogicidade, a dialeticidade e a triadicidade são mecanismos que não poderão deixar de funcionar, de um modo normal, no interior do psiquismo humano se se quiser manter o equilíbrio e resolver os problemas que as mais diversas situações da vida colocam-nos.

A esse propósito, as Figuras 2.4 e 2.5, retiradas de Deevy (1995, p. 220-221), são bastante sugestivas e esclarecedoras dos problemas que surgem quando os planos das diferentes dimensões dos espaços de vida das pessoas sobrepõem-se, fundem-se ou anulam-se. É necessário encontrar em cada momento, nas diversas situações de vida, o justo equilíbrio, que poderá variar de sujeito para sujeito e no mesmo sujeito em função dos contextos.

Nas Figuras 2.4 e 2.5, são apresentadas apenas duas representações de situações possíveis do que normalmente acontece na vida das pessoas que poderiam ser multiplicadas por *n* representações e pela diversidade dos sujeitos e dos contextos. Na primeira situação, destaca-se o equilíbrio entre os espaços ou estilos de vida e, na segunda, um exemplo de desequilíbrio bastante observado nas sociedades atuais em que as pessoas estão preocupadas e absorvidas excessivamente com a profissão, a carreira, o trabalho, em que todo o resto começa a passar para segundo ou

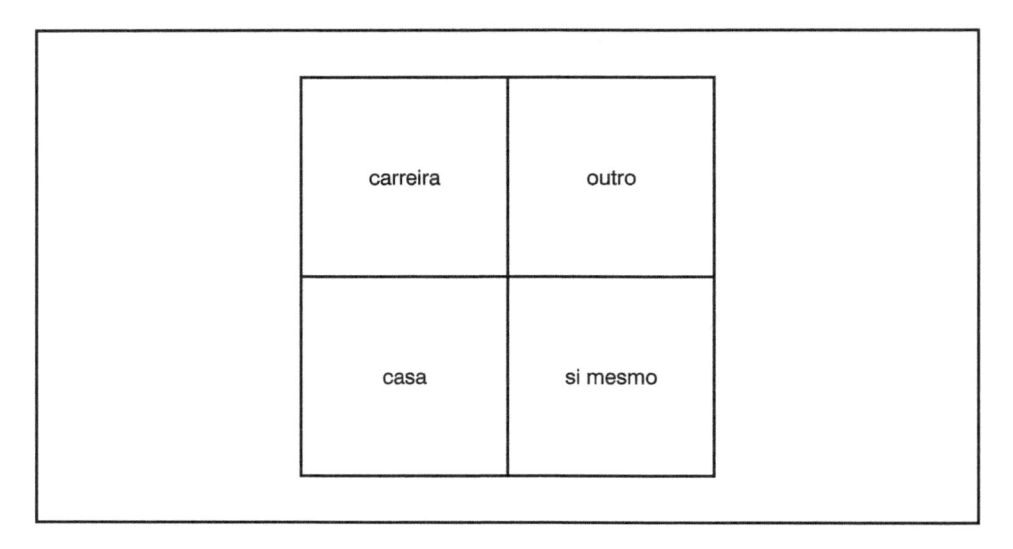

Figura 2.4 Representação de quatro dimensões da vida das pessoas em equilíbrio (Deevy, 1995; adaptada por Tavares, 2001).

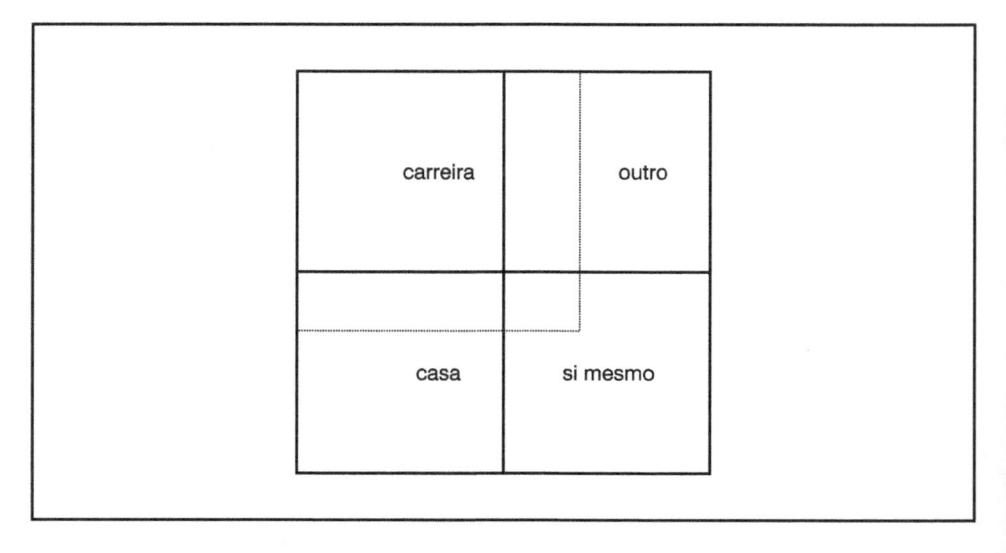

Figura 2.5 Representação de quatro dimensões da vida das pessoas em desequilíbrio (Deevy, 1995; adaptada por Tavares, 2001).

terceiro plano. Examinando a situação do seu dia-a-dia, cada um poderá ver qual ou quais dessas possíveis configurações reproduz na sua vida cotidiana. Muitos problemas que as pessoas enfrentam e dificuldades que afetam o seu equilíbrio e relacionamento intra e interpessoal ligam-se diretamente a esse tipo de situações.

Será que o desenvolvimento e a ativação de capacidades de reflexibilidade, flexibilidade e resiliência possibilita o reequilíbrio dos sujeitos em relação à sua profissão, à sua família, a si próprios e aos outros? Esta é a questão que subjaz ao tema que aqui nos ocupa e também nos preocupa. A resposta, pelo menos aquela que se apresenta de imediato, é simples e afirmativa. Sim, parece não haver dúvida de que uma escola reflexiva, que possibilite uma formação mais flexível e resiliente, não terá apenas de contribuir para o reequilíbrio dos sujeitos, mas constitui principalmente uma das possibilidades e estratégias a serem desenvolvidas para que ele seja alcançado e mantenha-se.

É por isso que nos sistemas de educação e de formação dos cidadãos essa realidade não poderá passar ao lado. Ao contrário, ela deverá transformar-se em uma verdadeira prioridade na hora de selecionar os conteúdos das diferentes temáticas dos planos de estudos e de formação.

Para tanto, é necessário interiorizar concepções e atitudes diferentes que conduzam a formas de agir mais em consonância com a realidade que acabamos de descrever. Neste caso, a qualidade e a atualidade da informação são cruciais. É aqui, provavelmente, que nas sociedades atuais os maiores problemas levantam-se e fazem apelo à qualidade, à oportunidade, ao rigor e à abrangência da informação. Estamos sendo bombardeados constantemente por informação não só de nível muito discutível, mas até, com freqüência, falsa e contraditória, com o agravante de que os diferentes sistemas não podem funcionar sem informação, sem memórias. Porém, as que nos chegam em catadupa, pelos mais variados meios de comunicação social e pelas novas auto-estradas da informação, deverão ser mais trabalhadas, joeiradas, criticadas, selecionadas e organizadas em sistemas coerentes e consistentes; caso contrário, irão avolumar essa enorme lixeira que invade cada vez mais o nosso espaço disponível, subjugando-nos.

Julgo que estes são alguns dos muitos e enormes problemas que nos preocupam e deverão ser enfrentados com coragem e determinação por todos e, em especial, por aqueles que têm responsabilidades nas sociedades atuais se quisermos que elas se transformem para melhor, sejam mais equilibradas, justas, pacíficas e as pessoas sintam-se mais felizes. Para isso, as sociedades precisarão ser mais compreensivas, inteligentes, cordiais, colaborativas, livres, responsáveis, tolerantes, democráticas, desburocratizadas e resilientes.

É nesse sentido que a reflexibilidade, a flexibilidade e a resiliência serão o novo rosto da sociedade emergente que pretende ser mais esclarecida, autêntica, cordial, tolerante, solidária, humana, em que as relações pessoais e interpessoais assumirão o seu verdadeiro sentido e relevância em todas as formas de manifestação da ação humana. Pelo menos, é essa uma das nossas convicções e desafios, neste momento.

REFERÊNCIAS BIBLIOGRÁFICAS

ALARCÃO, I. Escola reflexiva e supervisão. Uma escola em desenvolvimento e aprendizagem. In: ALARCÃO, I. (org). *Escola reflexiva e supervisão. Uma escola em desenvolvimento e aprendizagem*. Porto: Porto Editora, 2001, p. 12-23.
DAMÁSIO, A. *The feeling of what happens. Body and emotion in the making of consciousness*. New York: Harcourt Brace & Company, 1999.
DEVY, E. *Creating the reselient organization. A rapid response management program*. Englewood Cliffs: Prentice Hall, 1997.
GOLEMAN. *Working with emotional intelligence*. London: Bloomsbury Publishing.
GUERRA, P.B. *Cerebrus. Gestão Intrapessoal*. G. Cascais: Editora Pergaminho, 2000. v.1 e 2.
MATURANA, H. *Cognição e transdisciplinaridade*. 1999.
web: http//www.cetrans. futuro.usp.br/maturana_ed.htm, 1-20.
NICOLESCU, B. *O manifesto da transdisciplinaridade*. Lisboa: Hugin eds., 2000.
POSNER, M.I.; RAICHLE, M.E. *Images of mind*. New York: Freeman and Company, 1997.
TAVARES, J. *Uma sociedade que aprende e se desenvolve. Relações interpessoais*. Porto: Porto Editora, 1996.
—————. Contributos psicológicos e sociológicos para uma escola reflexiva. In: ALARCÃO, I. (org.). *Escola reflexiva e supervisão. Uma escola em desenvolvimento e aprendizagem*. Porto: Porto Editora, 2001, p. 58.
TAVARES, J.; BRZEZINSKI, I. *Construção do conhecimento profissional. Um novo paradigma científico e de formação*. Aveiro: Ed. da Universidade de Aveiro, 1999.

capítulo **3**

Fundamentos Sociológicos, Funções Sociais e Políticas da Escola Reflexiva e Emancipadora: Algumas Aproximações

Iria Brzezinski

..."a reflexão é dialética: o pensamento do indivíduo se forma por um contexto social e cultural, e estes, por sua vez, são configurados pelo pensamento e ação dos indivíduos" (Kemmis, 1999, p. 98).

O tema deste capítulo é muito desafiador, pois envolve um conteúdo amplo e complexo que está em construção pelos estudiosos do assunto; portanto, essa temática tem configurações ainda provisórias. Também são ainda relativamente provisórias as aproximações que intento realizar. Contudo, não são provisórios os fundamentos sociológicos, as funções sociais e políticas da escola reflexiva, por tratar-se de uma escola real, inserida no contexto social de um determinado momento histórico — a sociedade contemporânea, reconhecida como sociedade do conhecimento.

A escola que se quer reflexiva e emancipadora é também uma escola vivida cotidianamente, dimensionada em seu projeto político-pedagógico-curricular, entendido aqui como elemento de organização do processo educacional que nela ocorre.

Para sistematizar as aproximações com as quais me comprometi no título deste capítulo, decidi desenvolver a temática por meio de assuntos que se articulam:

- a prática social como ponto de partida e de chegada da prática pedagógica, pressuposto decorrente das teorias críticas que estabelecem as relações entre educação e sociedade, dando destaque para as funções sociais e políticas da escola brasileira;
- o conhecimento crítico da vida cotidiana baseado em Lefebvre (1961, 1977, 1981, 1991), que considera a realidade social como o espaço no qual se concretizam as transformações através da ação do homem e, nesse espaço social, a escola como instituição ocupa lugar privilegiado;
- a concepção de escola reflexiva e qualificante de Alarcão (2001 a e b) e a escola como lugar onde o professor aprende (Canário, 1997, 2000);
- o projeto político-pedagógico-curricular da escola e a construção de uma escola reflexiva e emancipadora.

Observo que essa articulação pretendida deverá possibilitar a organização lógica do discurso, anunciar as âncoras teóricas nas quais me fundamento e favorecer a construção de algumas aproximações, como afirmei, ainda provisórias.

As teorias educacionais que defendem a prática social como ponto de partida e de chegada da prática educacional e que postulam uma análise dinâmica da relação sociedade-escola encontram sua gênese nos estudos heterodoxos do pensamento marxista, dos chamados revisionistas de Marx, que adotam o método dialético como caminho investigativo para a produção do conhecimento.

Os educadores brasileiros, sintonizados com essas concepções educacionais identificadas como reflexivas, críticas ou progressistas (entre elas encontra-se a teoria crítica da totalidade social), começaram a denunciar por volta dos anos 80 as características reprodutivistas da escola que, aportada no paradigma da racionalidade tecnicista, procurava perpetuar o sistema desigual e injusto de distribuição do patrimônio cultural.

A injustiça do sistema educacional brasileiro, que negava o acesso ao saber de forma universalizada, permitiu, e ainda permite, a apropriação do saber erudito (*episteme*) por uma única classe social — a privilegiada — e, perversamente, retirou da outra — a trabalhadora — o direito de ter acesso a esse saber veiculado intencionalmente pela instituição escolar, ao mesmo tempo em que expropriava seu saber — o popular (*doxa*).

Então, os educadores entenderam que apenas a denúncia feita nos anos 80 não era suficiente; precisavam agir. Suas ações baseavam-se nas teorias progressistas, que trouxeram em seu bojo o anúncio do compromisso social da educação, qual seja, criticar a realidade e produzir transformações sociais capazes de libertar o homem pelo domínio do conhecimento e pela formação da consciência crítica. Sobre essas teorias, Kowarsik (1983, p. 14) destaca: "na medida em que a ciência da educação se compreende dialeticamente a partir do interesse libertário do conhecimento de uma teoria crítica da sociedade, voltada à emancipação e libertação dos homens, torna-se possível a ela criticar, por sua vez, a realidade educacional".

Apesar de pautada na libertação do homem pelo domínio do conhecimento e na crença da transformação global da sociedade, a teoria crítica da totalidade social apresentava-se determinista ao estabelecer as relações sociedade-educação e sociedade-escola, sobretudo porque admite uma total dependência da educação de uma concepção de sociedade, a capitalista globalizada. Assim, para os defensores ortodoxos da teoria crítica da totalidade social, as relações escola-sociedade condicionam a atividade educativa e a teoria empregada para interpretar o processo social atinge o processo educacional por inteiro. Entre esses defensores, os mais radicais chegaram a advogar a desescolarização da sociedade. Todavia, não se pode admitir que a escola seja um simples reflexo da sociedade sem poder de interferência no todo social; não resta dúvida de que ela tem uma relativa autonomia e também contribui para a formação da sociedade.

Em nossos dias, reconhece-se que a escola, apesar de sua dimensão conservadora e reprodutora, constitui-se, paradoxalmente, uma ameaça ao conservadorismo porque ela também representa "ameaça à ordem estabelecida e possibilidade de libertação" (Snyders, 1981, p. 106).

A escola hoje é reconhecida em sua ambigüidade intrínseca: uma certa dependência em relação aos modelos sociais, ao assumir o papel conservador e uma relativa autonomia, também determinante daqueles modelos ao assumir seu papel inovador e co-criador de realidade social. Esse duplo papel da instituição escolar vem sendo tratado, em estudos recentes, à luz do conceito de cultura organizacional da escola, que admite existir no contexto escolar uma interação entre duas culturas: uma interna e outra externa. Brunet, citado por Nóvoa (1999, p. 29) esclarece que "as organizações escolares, ainda que estejam integradas em um contexto cultural mais amplo, produzem uma cultura interna que lhes é própria e que exprime os valores (ou os ideais sociais) e as crenças que os membros da organização partilham".

Entendo que é essa a escola que se quer mais autônoma, mais participativa e democrática, que produz uma cultura interna própria, constrói conhecimento de forma coletiva e preocupa-se com a formação contínua de seus profissionais; é aquela que sugere ter potencial para transformar-se em uma escola reflexiva. Tal escola é designada por Alarcão como a "organização que continuadamente se pensa a si própria, na sua missão social e na sua estrutura e se confronta com o desenrolar da sua atividade num processo simultaneamente avaliativo e formativo" (2001 b, p. 13).

À medida que se aceitam as funções conservadora/inovadora atribuídas à escola e a possibilidade de ela se transformar em escola reflexiva e emancipadora, aceita-se também que ela não oferece aos sujeitos um caminho de mão única, mas um "vaivém" (Snyders, 1981, p. 106) entre a continuidade vivida das próprias experiências dos sujeitos participantes no cotidiano escolar e a construção do conhecimento mais elaborado pelo intelectual da educação.

Inserido no cotidiano escolar, o teórico da educação vai ressignificando sua forma de construção do conhecimento, uma vez que se desobriga de dar respostas para tudo por meio de metanarrativas históricas, sociais, políticas, filosóficas, científicas, diminui a marcha de sua ambição universalizante e delimita o alcance da teoria da educação, tornando-o mais modesto, porém muito mais próximo da realidade da escola.

É preciso aqui evocar Oliveira (1986, p. 8) para explicitar que mesmo os conceitos mais abstratos de determinados campos do conhecimento não surgiram de pensamentos exclusivamente puros e eruditos, mas apresentaram certas vinculações com a vida cotidiana, com o "chão da escola", com a prática social da qual fazem parte todos os segmentos sociais, independentemente da classe econômica a que pertençam.

As vinculações de uma construção teórica no âmbito da ciência com a vida cotidiana são exploradas por Henri Lefebvre que, ao fazer a releitura heterodoxa da obra de Marx, veio contribuir substancialmente para a ressignificação de vários conceitos, entre eles, a questão do cotidiano, da formação da consciência coletiva, da construção de uma "obra" (criação).

Interessa-me, particularmente, estabelecer relações entre o pensamento de Lefebvre e a concepção de escola reflexiva de Isabel Alarcão, a partir do entendimento de que é da espessura concreta do cotidiano que se ultrapassam as molduras imóveis de qualquer sistematização definitiva e acabada. Alarcão postula que a escola reflexiva vai sendo construída na concretude do cotidiano da escola que se transforma e, por isso, não é uma organização que se aceita como definitiva e acabada. Ao contrário, trata-se de uma "organização que continuadamente se pensa a si própria, na sua missão social e na sua estrutura".

Desenvolver uma cultura do "pensar a si própria" requer a realização de momentos processuais coletivos de avaliação e formação dos sujeitos envolvidos no processo educacional, de modo que todos conheçam, vivam, critiquem e assumam essa cultura. É interessante a aproximação do conceito de consciência coletiva de Lefebvre (1991) com o trabalho coletivo na escola reflexiva de Alarcão (2001 a e b).

Segundo Lefebvre, devido às condições históricas em que o trabalho é realizado, de forma repetitiva, homogênea, seriada em massa, o trabalhador, de modo geral, vai tornando-se um homem separado de suas atividades, idéias e criações e é destruído no processo de produção; enfim, como homem que pensa e age, ele é consumido na realidade das forças produtivas, sendo reduzido ao nível de objeto e à classe que detém o poder e o saber, expropria do homem suas obras e seus produtos, conservando apenas "certos aspectos mínimos de sujeito, para que possa continuar produzindo" (Sarup, 1980, p. 124).

Ao descrever e analisar a vida cotidiana como um nível de realidade social, Lefebvre enfatiza que é essa realidade social, marcada pelas relações das forças produtivas, o espaço no qual se concretizam as transformações através da ação do homem ativo, criativo e prático que ao mesmo tempo se transforma e provoca transformações. As mudanças, indiscutivelmente, ocorrem no curso das lutas reais quando há o enfrentamento dos conflitos inerentes às divergências de interesses de classes opostas. Nesse embate, os interesses convergentes da classe detentora da força do trabalho impulsiona a formação da consciência de classe. Esta é conceituada por Lefebvre (1985) como a consciência coletiva, a qual não surge da espontaneidade, mas emerge na e da realidade objetiva e brutal, inicialmente pela resistência, depois pelo enfrentamento e busca de alternativas, e amplia-se para toda a vida do sujeito individual e social.

A instituição escolar, em sua ambigüidade intrínseca, vive um cotidiano repleto de contradições, conflitos e lutas internas pelo domínio do poder e do saber. Hoje, na sociedade do conhecimento e também na escola, vive-se em tempos de incertezas e rápidas mudanças notadamente no que diz respeito às informações. Vista sob essa perspectiva, a escola é uma instituição dinâmica de quem a sociedade exige respostas (criações). Em face dessas exigências, para as quais muitas vezes a escola não tem soluções, o que gera conflitos, não é suficiente contar com professores reflexivos que constroem conhecimento individualmente em seu cotidiano escolar, isto é, aqueles que constroem "um conhecimento profissional contextualizado e sistematizado em uma permanente dinâmica interativa entre a ação e o pensamento ou a reflexão" (Alarcão, 2001 b, p. 17). É na luta pela defesa de interesses convergentes, por todos os elementos envolvidos no processo educativo, que vai sendo formada a consciência coletiva, em uma permanente dinâmica interativa entre a ação e o pensamento ou a reflexão. Assim, constrói-se a reflexão sobre a prática na escola, com a conseqüente construção de conhecimento sobre ela própria. A essa forma de construção em que não se separam dos atores sociais (dos produtores) suas concepções, suas atividades, suas idéias e suas criações, Lefebvre denomina "criação de uma obra", que se contrapõe à "feitura de um produto", que significa reproduzir em série ou em massa.

É preciso ter clareza de que a formação dessa consciência coletiva é um processo histórico que impulsiona a transformação da ação-reflexão-criação individuais para a ação-reflexão-criação coletivas, em um contexto determinado onde há embates de idéias convergentes e divergentes. Por certo, a organização escolar consiste em um desses contextos.

Nesse processo dialético de passagem da esfera individual para a coletiva, noto uma aproximação entre os postulados de Lefebvre sobre a formação da consciência coletiva e os ensinamentos de Alarcão (2001 b). Para a autora, a trajetória a ser percorrida para uma escola construir-se reflexiva consiste de um processo que parte do conceito de professor reflexivo, introduzido por Schön[1], como "epistemologia da prática" para uma "epistemologia da vida da escola".

Nesse aspecto, identifico também algumas aproximações entre Alarcão e Canário (1999, p. 14), para quem a organização escolar é "lugar decisivo onde as competências escolares ajudam a produzir competências profissionais, mediante um processo que permite a passagem "da capacitação individual à capacitação coletiva".

Também é interessante a aproximação entre o processo anteriormente mencionado e a concepção de reflexão de Kemmis (1999). Segundo o autor, a reflexão orientada para a ação é social, política e dialética, pois "parte do pensamento do indivíduo que se forma em um contexto social e cultural e, esse contexto, por sua vez, é configurado pelo pensamento e ação dos indivíduos" (p. 98). Para esclarecer essa dialética, Kemmis referencia seus estudos em Habermas, para quem "o estudo da reflexão requer uma crítica da sociedade capaz de abarcar e entender esta relação dialética entre o indivíduo e sociedade" (1999, p. 98).

Kemmis (1999, p. 96-97) também discorre sobre a natureza da reflexão, dimensionando-a nas seguintes proposições. A reflexão:

- não é um processo psicológico puramente interior, mas um processo orientado para a ação e faz parte da história;
- não é um processo puramente individual, mas um processo social;
- está a serviço dos interesses humanos, sendo um processo político;
- dá forma à ideologia, essa por sua vez dá forma à reflexão;

- é uma prática que expressa o poder do homem para reconstituir a vida social por meio da comunicação (diálogo), na tomada de decisões e na ação social.

O autor prossegue afirmando que os métodos de reflexão que não levarem em conta as proposições decorrentes do estudo acerca da sua natureza serão limitados ou errôneos. Além disso, esses métodos limitados não serão capazes de explorar a "dupla dialética" que se estabelece entre o pensamento e a ação, entre o indivíduo e a sociedade. Nessa "dupla dialética", a reflexão está orientada para a ação e é social e política pelo fato de que, em um movimento em espiral, o processo de refletir penetra o interior do pensamento, atravessa o processo de pensamento e articula-se ao exterior da situação, isto é, articula-se ao contexto onde se situam os atores da reflexão. Para o autor, o produto desse movimento consiste na ação humana informada e comprometida, mais coerente e com papel social importante — a práxis.

É preciso salientar a semelhança de concepções de práxis entre Kemmis (1999) e Lefebvre (1979). Segundo esse último, a práxis abrange a totalidade de prática humana, incluindo tanto a atividade humana, transformadora da natureza e da sociedade, quanto a formação de subjetividade humana. Desse modo, a noção de práxis pressupõe a reabilitação do sensível (subjetividade) e a restituição do prático sensível (a atividade humana transformadora). O sensível, para Lefebvre, coincide com o sensível de Feuerback: é rico de significação e de ação (p. 30).

Lembro que a práxis nas organizações escolares manifesta-se como núcleo de mediação entre a prática social global (cultura externa à escola) e a prática educativa (cultura interna da escola). Desse núcleo emergiu a dimensão pública, gratuita e democrática da escola brasileira, nos tempos atuais tão lembrada como princípio constitucional, porém intencionalmente esquecida pelas políticas governamentais.

Em síntese, a dimensão pública, gratuita e democrática é decorrente do movimento que valoriza tanto a cultura interna da organização escolar quanto a externa, movimento observado ao aceitarmos o princípio de que a prática social é ponto de partida e de chegada da prática pedagógica. Tendo presente a interação das culturas interna/externa das organizações escolares, é possível explicitar as mais expressivas funções políticas e sociais da escola, segundo meus referenciais.

Entre tantas funções, é importante destacar o papel específico da escola pública e sua função política e social como uma instituição da sociedade comprometida com a educação de todos os brasileiros. Essa sim é a escola orientada pela lógica da inclusão, o que significa permitir o acesso aos saberes escolares a todos os que batem às portas da escola pública, respeitadas as diferenças de cada um.

Sob essa lógica, entendo que a função social e política da escola básica é a socialização do saber por meio do ensino de qualidade e da pesquisa qualificada, garantido o ingresso e o sucesso escolar para todos. Essa função primordial da escola, que confere à educação um *ethos* próprio como bem social e direito de todos, diz respeito à formação do homem para o exercício da cidadania e deve ser assim compreendida por todos os atores educacionais. Entre eles, estão não só os responsáveis pelas políticas educacionais que deveriam oferecer condições de ingresso a todos os que buscam a escola básica, como também os profissionais da escola que devem garantir o sucesso do aluno em toda a sua trajetória educacional. Desse modo, essa função social e política nega a prática mais comum de os governantes oferecerem reduzidas oportunidades educacionais públicas e nega também a prática de certos professores que se vangloriam do insucesso do aluno em suas disciplinas. A propósito, não são poucos os professores que contraditoriamente revelam que seu sucesso como bom professor é balizado pela número elevado de reprovações de seus alunos. Esse fato indica que tais professores pertencem à única categoria de profissionais que, no mundo do trabalho, orgulha-se por vitimar o seu cliente, o que, sem dúvida, repercute na desvalorização da profissão.

Outra função social e política da escola, em uma sociedade na qual o acesso à informação, a produtividade e a competitividade são critérios de valorização do homem, é a de prepará-lo para ingressar no mundo do trabalho, instrumentalizando-o para a defesa de seus direitos e para o cumprimento de seus deveres como cidadão.

No momento atual, marcado pelo tempo da globalização do capital e do trabalho e da revolução tecnológica, pela organização da sociedade do conhecimento, o mundo do trabalho vem exigindo dos trabalhadores um preparo muito mais aprimorado do que o exigido na época da revolução industrial. Reafirmo, então, ser função social e política da escola preparar um novo homem. Esse homem é aquele que reúne, em sua bagagem cognoscitiva altamente qualificada, a polivalência, a especificidade, a participação, a flexibilidade, a liderança, a cooperação, a comunicação, o domínio de diferentes linguagens, as competências para pensar de modo abstrato, de tomar decisões e de saber trabalhar em equipe. Tal formação e tais competências poderão favorecer a ocupação de diferentes postos conforme as exigências do mundo do trabalho globalizado.

Essas são as exigências para o novo homem que devem ser consideradas, embora não se possa negar que elas estejam infiltradas pelos critérios mercadológicos da sociedade da modernidade tardia, critérios tão criticados pelas tendências educacionais crítico-reflexivas. Portanto, diante dessas novas exigências um grande desafio da escola para o século XXI em sua função social e política será a formação continuada do trabalhador para que ele amplie suas competências e seja flexível a fim de que não se torne "massa descartável", como vem proclamando a competitividade da sociedade global, na qual, de acordo com Ianni (1992), a mercadoria adquire cidadania antes que o próprio homem.

Cabe ressaltar que as funções sociais e políticas da escola aqui enfocadas são funções intrínsecas à prática educativa escolar, que deve provocar transformações nas próprias relações do homem em sociedade. Este deve desenvolver na escola as competências necessárias para sua atuação como cidadão que precisa dominar um saber indispensável para melhorar sua qualidade de vida e o mundo do trabalho da sociedade sofisticada e complexa.

Nessa perspectiva, a ação especificamente pedagógica do processo cognitivo estará cumprindo sua dimensão política e social; portanto, deverá considerar a requerida reciprocidade entre a prática social global (cultura externa à organização escolar) e a prática educativa escolar (cultura interna).

Agrego ainda a essas funções uma outra que é função social, política e pedagógica: a de a escola garantir a formação continuada de seus profissionais. À primeira vista, parece não ser função da escola promover a educação continuada de seus profissionais, e sim dos sistemas de ensino. Todavia, no momento atual de implementação da nova Lei de Diretrizes e Bases da Educação Nacional (LDB n. 9394/96), em que a escola e, em particular, cada escola pública deve ter como objetivo a construção de seu projeto político-pedagógico-curricular e o exercício de sua autonomia, mesmo que relativa, cabe a ela buscar condições para qualificar seus profissionais. A prescrição em lei da formação continuada dos professores abriu caminhos para a organização escolar promover a formação de seus profissionais em situação de trabalho. Essa modalidade de qualificação que não retira o professor de seu *locus* profissional coincide com as preocupações, já mencionadas, de Alarcão (2001 a e b) sobre a escola que está em permanente avaliação e formação: a escola reflexiva e qualificante onde os professores ensinam e aprendem.

No Brasil, a importância que se atribui a essa função da escola implica, em primeiro lugar, uma política de desenvolvimento do pessoal que deve começar pela permanência do profissional em uma única escola, evitando a intensa rotatividade de professores do atual sistema de ensino. Essa política, sem dúvida, tem intrínseca relação com condições de trabalho, salários dignos e adoção da carreira do magistério.

Afirmo que é impossível à escola pública brasileira desempenhar suas funções sociais, políticas e pedagógicas sem que nela haja mudanças estruturais. Essas mudanças deverão instalar uma cultura da democratização em todas as relações existentes no interior da escola, o exercício da gestão colegiada e participativa com distribuição equilibrada do poder e de responsabilidades entre todos os envolvidos no processo educativo e em todas as esferas (municipal, estadual e federal) dos sistemas de ensino.

Considerando a viabilidade dessas mudanças na escola, enfoco os sujeitos do processo educativo e os elementos desse processo consubstanciado no projeto político-pedagógico-curricular, essência da organização do trabalho pedagógico e do conhecimento escolar. Nessa tarefa, que requer a participação de toda a comunidade escolar, o gestor deve assumir um papel primordial: ser o articulador da construção coletiva, assumindo a responsabilidade da mobilização de todos para a elaboração, o desenvolvimento e a avaliação do projeto político-pedagógico-curricular.

O projeto político-pedagógico-curricular, como expressão concreta do trabalho coletivo na escola, por um lado, é um elemento mediador entre a cultura interna à escola e a cultura externa do sistema de ensino e da sociedade, na conquista da autonomia da organização escolar e, por outro, poderá tornar-se instrumento viabilizador da construção da escola reflexiva e emancipadora.

É importante afirmar que a construção desse projeto na escola só tem significado quando é resultante de um trabalho interdisciplinar, transdisciplinar e coletivo, com base em relações democráticas, em gestão participativa e colegiada e na produção do conhecimento, referenciada na pesquisa-ação. A construção do projeto político-pedagógico, exatamente por ser uma ação audaciosa e desafiadora para as condições atuais da escola pública, supõe "rupturas com o presente e promessas para o futuro" (Gadotti, 1994, p. 579). Em uma visão descentralizada de sistema educacional, o projeto político-pedagógico-curricular deveria consolidar a escola como lugar central da educação escolar.

Diante dessa exigência, a ação de projetar e executar implica sair de um estado confortável *instituído* e *consolidado*, romper com a rotina e correr o risco de enfrentar um período de instabilidade, denominado aqui *instituinte* (em construção) e lançar-se em busca de uma possível nova estabilidade mais qualificada. Enfim, essa procura deve concorrer para uma mudança paradigmática da organização e da gestão centrada nos modelos racionais-funcionalistas para um paradigma de organização e gestão escolar interacionista. Talvez seja essa a maior mudança necessária, mas como destaca Zeichner (2000, p. 15) "não requer somente uma mudança individual (...) a mudança tem que ser institucional". É preciso lembrar que Zeichner compartilha o ideário do professor como profissional que reflete sobre sua prática e da escola que instala o diálogo para discutir as práticas articuladas às idéias de alguns autores em educação que são importantes para o dia-a-dia dos professores. Em uma entrevista que enfatizava sua atuação como professor em um programa na Namíbia (África) de formação de professores em contato direto com a realidade da escola, afirmou: "meu projeto tem sido tentar integrar algumas dessas idéias (dos teóricos) a um contexto prático dos professores, de maneira que eles percebam a importância disso" (p. 15). Neste caso, em que se pretende a construção de uma escola reflexiva e emancipadora, de acordo com o autor "a pergunta não é se os professores são reflexivos, mas como estão refletindo e sobre o que estão refletindo" (p.14).

Alguns indicadores dão o desenho de uma possível escola reflexiva e emancipadora no Brasil, cujo arcabouço teórico é o da escola democrática: universalidade da educação básica, com igualdade de oportunidades de ingresso e de sucesso do aluno em sua trajetória educacional; ensino de qualidade para todos; liberdade de aprender, de ensinar e de pesquisar; participação da reflexão coletiva sobre a prática, partilhando a construção do conhecimento; autonomia para criticar e divulgar a arte, a cultura e o saber; garantia da prática de gestão participativa e colegiada; valorização do magistério, mediante a formação inicial e continuada de professores associada a salários dignos e condições de trabalho adequadas.

Entre tantas aproximações que poderiam ser feitas a partir do que até aqui foi discutido, assinalo aquelas que na minha percepção são mais significativas:

- A problematização da criação da obra — o projeto político-pedagógico-curricular — como elemento viabilizador da construção da escola reflexiva e emancipadora confunde-se com a própria discussão sobre a construção da escola reflexiva, porque ambas partem dos mesmos pressupostos e têm objetivos comuns.
- A construção do projeto político-pedagógico-curricular significa a criação de uma verdadeira obra da comunidade escolar, enraizada no chão da escola. A construção da escola reflexiva e emancipadora, embora necessite de estudos mais aprofundados, na minha concepção, tem idêntico significado, pois sua construção ocorre no lugar de trabalho, com o envolvimento de todos os professores "no diálogo do trabalho com os outros e na assunção de objetivos comuns".
- Os princípios lefebvrerianos que consideram a construção coletiva como uma criação que parte da análise do cotidiano para chegar a uma elaboração em nível mais elevado e retorna à realidade cotidiana para sua legitimação. Desse modo, faz-se uma análise da realidade e,

no processo de trabalho com os outros que trazem consigo sua bagagem cognoscitiva, o conhecimento é construído coletivamente. Essa ciência produzida será então reconhecida, à medida que seja aplicável ao cotidiano, que também é uma forma de construir ciência. Tais princípios poderão ser aplicados ao processo de construção da escola reflexiva e emancipatória concebida por Alarcão (2001 a e b), pelo fato de que essa escola consiste em um processo de formação no contexto profissional, em que o professor despoja-se de seu individualismo e "aprende na partilha e no confronto com os outros, qualifica-se para o trabalho, no trabalho e pelo trabalho".

- A reciprocidade autonomia/dependência da escola em relação aos modelos de sociedade, bem como a interação cultura interna/externa da organização escolar consistem em uma das dimensões do projeto político-pedagógico-curricular, qual seja, a política. Também são consideradas como uma das funções sociais e políticas da escola reflexiva e emancipadora. Essa dimensão política/função social e política, a rigor, além de considerar a prática social como ponto de partida e de chegada da prática pedagógica, inclui o compromisso da educação escolar em atender aos interesses reais da população, sob a égide da universalização e da democratização da escola pública, gratuita e de qualidade, atualmente traduzida pela escola inclusiva.
- A dimensão pedagógica do projeto político-pedagógico-curricular reside na intencionalidade da escola para desenvolver ações a fim de cumprir sua finalidade de formar cidadãos nas dimensões sociocultural, política, profissional e humana. Na essência, a dimensão pedagógica da escola reflexiva e emancipatória está na formação continuada do professor que se realiza no *locus* de trabalho. Em um processo de reciprocidade, o professor qualifica-se junto com os outros professores e a escola qualifica-se, reconceitualiza-se e reorganiza-se. A própria organização escolar é desvelada quando há uma reflexão sobre os conflitos inerentes a ela, bem como são reveladas as relações de poder nela existentes, o que conduz a um redimensio-

namento institucional. Com tal sentido, Alarcão utiliza a expressão "escola reflexiva e qualificante". Preferi a expressão "escola reflexiva e emancipatória" por entender que a dinâmica da formação coletiva, que é reflexiva e qualificante, confere aos participantes, por meio da prática interdisciplinar, certa autonomia de saberes e liberta-os da prisão epistemológica exclusiva de sua disciplina no currículo. Nessa perspectiva, cada um no coletivo da reflexão-ação-reflexão assume responsabilidades e toma decisões. Trata-se de uma conquista da autonomia e da emancipação pela participação que facilita o exercício individual no coletivo de uma "autoridade coerentemente democrática" (Freire, 1996, p. 104). Nesse processo, o professor vai complementando sua profissionalização e a escola ressignifica suas relações de poder pautada na partilha do saber, na gestão colegiada, na ética e na solidariedade.

- A dimensão curricular do projeto político-pedagógico-curricular expressa-se pela construção do currículo que, em síntese, consiste na organização do conhecimento escolar em busca da qualidade social do ensino. Na escola reflexiva e qualificante, ocorre também uma reconstrução do conhecimento escolar em face da necessária mudança de paradigma na construção dos saberes profissionais do professor que interferem no conhecimento que eles ensinarão que, por sua vez, provoca mudanças na organização do currículo. Se o professor irá qualificar-se por meio da interação entre os saberes sistematizados que adquiriu e os saberes evidenciados pela reflexão sobre as situações educacionais no lugar onde trabalha, cuja interação é mediada pela avaliação em processo, conseqüentemente o conjunto de professores estará imprimindo outra qualidade ao conhecimento escolar.

É preciso enfatizar que a transformação da escola historicamente conservadora e racional em escola reflexiva e emancipadora é um processo em construção e não ocorre sem rupturas. Não é tarefa fácil romper com a ordem estabelecida, tampouco é fácil ultrapassar as molduras imóveis do definitivo e acabado. Todavia, os atores reflexivos devem acreditar na possibilidade da mudança como resultado do esforço contínuo, científico, ético, solidário, coletivo e persistente que se processa em um movimento iniciado na reflexão feita sobre as ações efetivadas na espessura concreta do cotidiado e, dialeticamente, a ele retorna com maior qualidade e mais consistência, voltando com vigor epistemológico e com força coletiva para provocar rupturas e (re)construir.

NOTA

1. Estudos aprofundados a esse respeito são encontrados em Alarcão (1991, 1996) e Campos e Pessoa (1998). Sucintamente, a "epistemologia da prática" consiste em o indivíduo agir em situação, em uma dinamicidade que permite a interação permanente entre a ação e o pensamento que resulta na reflexão. As noções fundamentais desenvolvidas por Schön são: a reflexão na ação, a reflexão sobre a ação e a reflexão sobre a reflexão na ação.

REFERÊNCIAS BIBLIOGRÁFICAS

ALARCÃO, I. Reflexão crítica sobre o pensamento de D. Schön e os programas de formação de professores. *Cadernos CIDInE*, Aveiro Associação CIDInE, n.1, p. 5-22, dez. 1991.
──────. *Formação reflexiva de professores. Estratégias de supervisão*. Porto: Porto Editora, 1996.
──────. Do olhar supervisivo ao olhar sobre a supervisão. In: RANGEL, M. (org.). *Supervisão pedagógica. Princípios e práticas*. Campinas: Papirus Editora, 2001 a, p. 11-55.
──────. Escola reflexiva e supervisão. Uma escola em desenvolvimento e aprendizagem. In: ALARCÃO, I. (org.). *Escola reflexiva e supervisão. Uma escola em desenvolvimento e aprendizagem*. Porto: Porto Editora, 2001 b, p. 12-23.
BOGDAN, R.; BLIKLEN, S. *Investigação qualitativa em educação. Uma introdução à teoria e aos métodos*. Porto: Porto Editora, 1994.
BRZEZINSKI, I. *Pedagogia, pedagogos e formação de professores. Busca e movimento*. 3.ed. Campinas: Papirus, 2000.
──────. *Docência universitária e sucesso acadêmico: um olhar brasileiro*. (No prelo.)
CAMPOS, S. de; PESSOA, V.I.F. Discutindo a formação de professoras e de professores com Donald Schon. In: GERALDI, C. (org.). *Cartografias do trabalho docente*. Campinas, ALB, 1998. p.183-205.

CANÁRIO, R. *Formação e situações de trabalho*. Porto: Porto Editora, 1997.

———. A escola. O lugar onde os professores aprendem. In: *Actas do I Congresso Nacional de Supervisão*. Aveiro, CD Room, 1999.

ELLIOT, J. What is action-research in schools? *Jornal of Curriculum Studies*, v. 10, n. 4, out./dez. 1978.

———. How teachers learn. In: CHAMBERS, P. *Making inset work-myth or reality?* Bradford: Faculty of Contemporary Studies, 1981.

———. *El cambio educativo desde la investigación-acción*. Madrid: Morata, 1993.

———. Recolocando a pesquisa-ação em seu lugar original e próprio. In: GERALDI, C. (org.). *Cartografias do trabalho docente*. Campinas: ALB, 1998. p.137-151.

FREIRE, P. *Pedagogia da autonomia. Saberes necessários à pratica educativa*. São Paulo: Paz e Terra, 1996.

GADOTTI, M. Pressupostos do projeto pedagógico. *Anais da Conferência Nacional de Educação para Todos*. Brasília: MEC, 28 ago./02 set. 1994.

IANNI, O. *Sociedade global*. Rio de Janeiro: Civilização Brasileira, 1992.

KEMMIS, S. La investigación-acción y la política de la reflexão. In: GOMEZ, P.A. et al. *Desarrollo professional del docente: política, investigación y prática*. Madrid: Ediciones Akal, 1999. p.95-118.

KOWARZIK, W.S. *Pedagogia dialética*. São Paulo: Brasiliense, 1983.

LEFEBVRE, H. *Critique de la vie quotidienne; fondaments d'une sociologia de la quotidiennetié*. Paris: L'Arche Editeur, 1961. v.2.

———. *A vida cotidiana no mundo moderno*. São Paulo: Ática, 1991.

———. *Critique de la vie quotidienne; introducion*. 3.ed. Paris: L'Arche Editeur, 1977. v.1.

———. *Critique de la vie quotidienne III; de la modernite e; modernisne*. (Pour une metaphilosophie de quotidien). Paris: L'Arché Editeur, 1981.

———. *Metafilosofia*. Rio de Janeiro: Civilização Brasileira, 1967. Trad. CORBISIER, Roland.

———. *Sociologia de Marx*. Rio de Janeiro: Forense Universitária, 1979.

MOACIR FILHO. Apresentação da Sociologia de Marx. In: LEFEBVRE, H. *Sociologia de Marx*. Rio de Janeiro: Forense Universitária, 1979.

NÓVOA, A. (Coord.). *As organizações escolares em análise*. 3.ed. Lisboa: Publicações Dom Quixote, 1999.

OLIVEIRA, B. A prática social global como ponto de partida e de chegada da prática educativa. *Tecnologia Educacional,* Rio de Janeiro: ABTE, n. 66/67, p.7-10, set./dez., 1986.

PEREIRA, E.M. Professor como pesquisador: o enfoque da pesquisa-ação na prática docente. In: GERALDI, C. (org.). *Cartografias do trabalho docente*. Campinas: ALB, 1998. p.153-181.

SARUP, M. *Marxismo e educação*. Rio de Janeiro: Zahar Editores, 1980.

SCHÖN, D. *The reflective practitioner*. Nova York: Basic Books, 1983.

──────. Formar professores como profissionais reflexivos. In: NÓVOA, A. (coord.). *Os professores e sua formação*. Lisboa: Dom Quixote, 1992.

SNYDERS, G. *Escola, classe e luta de classes*. Lisboa: Moraes Editores, 1981.

STENHOUSE, L. *Investigación y desarrollo del curriculum*. Madrid: Morata, 1981.

TAVARES, J.; BRZEZINSKI, I. *Construção do conhecimento profissional. Um novo paradigma científico e de formação*. Aveiro: Universidade de Aveiro, 1999.

ZEICHNER, K.M. *A formação reflexiva de professores: idéias e práticas*. Lisboa: Educa, 1993.

──────. Formação de professores: contato direto com a realidade da escola. *Presença Pedagógica*, Belo Horizonte, v.6, n.34, p. 5-15, jul./ago. 2000.

──────. Para além da divisão entre professor-pesquisador e pesquisador acadêmico. In: GERALDI, C. (org). *Cartografias do trabalho docente*. Campinas: ALB, 1998. p.207-236.

ZEICHNER, K.M.; LISTON, D. P. Enseñar a reflexionar a los futuros docentes. In: GOMEZ, P.A. et al. *Desarrollo professional del docente: política, investigación y prática*. Madrid: Ediciones Akal, 1999. p.506-532.

capítulo 4

Informação, Formação e Globalização: Novos ou Velhos Paradigmas?

Idália Sá-Chaves

GLOBALIZAÇÃO, UMA QUESTÃO EM ABERTO

Multiplicam-se os exercícios de análise prospectiva. Um pouco por todo o lado e provindos de todas as áreas do conhecimento, surgem estudos que ensaiam a tentativa milenar da *adivinhação*, da descoberta, do conhecimento antecipatório. Tal como sempre, aceitam-se os desafios próprios do tempo com os instrumentos cognitivos que atravessam, como um legado ancestral, as gerações que, sucedendo-se, garantem a permanência dessa poderosa inquietação.

Desse ponto de vista, pode-se considerar que as sociedades sempre foram *do conhecimento*, embora nem sempre tenha sido tão clara a conscientização coletiva desse fato. Do mesmo modo, as sociedades também sempre foram *da informação* e *da comunicação*, embora de informação escassa e de divulgação restrita, condicionada e difícil.

O conhecimento, nas suas mais diversas fontes, dimensões, natureza e implicações, e enquanto bem singular, tem sido objeto de apropriação e de secretismos múltiplos, dada a sua relação intrínseca com o poder que confere aos seus detentores. E, embora pudesse ser legítimo o júbilo pelas realizações científicas e tecnológicas que todo o século XX produziu e amplamente disponibilizou, não é possível deixar no esquecimento contribuições anteriores de outros autores da história, que abriram o caminho àquilo que hoje se designa como era da globalização.

Tal como Carvalho Rodrigues referia recentemente, em conferência pública[1], a primeira fase desse processo de globalização deu-se com a construção das estradas que, por via terrestre, cobriram o império romano, facilitando todo o tipo de permutas e a circulação de todo o tipo de bens, conhecimento incluído. Conforme o autor, a segunda fase deve-se aos portugueses que, ao abrirem as *estradas do mar* nos idos de 500, expandiram essa rede de intercomunicação e promoveram as trocas culturais que, em todos os domínios do conhecimento, até hoje se reconhecem.

Mais tarde, e já em uma luta simultânea contra o espaço e contra o tempo, a conquista das *estradas do ar* permitiu encurtar todas as distâncias e, dessa forma, não apenas chegar mais longe, mas sobretudo chegar mais depressa.

Os tempos que agora se vivem, aproveitando a revolução científica e tecnológica que proporciona o uso generalizado das *estradas da informação*, permitem tão só que não seja preciso ir: *já se lá está*, nas palavras do conferencista a que vimos aludindo.

Nessa fase, já não se trata apenas de procurar adivinhar o que se passa nos mais longínquos confins do planeta, trata-se da possibilidade de dispor da informação exata sobre o que efetivamente está acontecendo e, assim, conhecer de forma imediata informações e fenômenos outrora absolutamente inacessíveis.

Nessa batalha, os ganhos obtidos contra as distâncias, sejam espaciais, sejam temporais, colocam as civilizações atuais em condições de acesso à informação e ao conhecimento nunca antes experimentadas. Trata-se, todavia, de uma possibilidade pouco mais do que retórica já que, como também é reconhecido, a distribuição dessa mesma possibilidade não está equitativamente em relação relativamente ao conjunto das civilizações que, atualmente, integram a humanidade.

Isto ocorre porque, como condicionantes à possibilidade de acesso à informação e à sua (re)construção em conhecimentos particulares (quer se trate da sua dimensão pessoal ou coletiva), encontram-se os níveis de formação e de desenvolvimento dos quais, efetiva e particularmente, pessoas ou grupos usufruem. Desse modo, e independentemente das condições teóricas de acesso democratizado, o que se verifica é um sem-fim de constrangimentos reais que o impedem e que contribuem para situações da mais profunda desigualdade entre os povos. Desigualdade que se traduz na criação de extensas zonas de exclusão, na impossibilidade da formação, mesmo nas suas formas mais elementares, em suma, na impossibilidade do desenvolvimento enquanto princípio e direito fundamental de todos e cada um.

Como freqüentemente refere Maria de Lurdes Pintassilgo, falando da luta dos povos pela liberdade, tão fundamental quanto esta é a luta pelas condições concretas de vida que, em si mesmas, sejam, desde logo, condições *de* e *para* a liberdade. Ou seja, a sua própria essência.

Do mesmo modo, essa quase gloriosa caminhada no encalce do conhecimento científico e tecnológico só perde sua *aura de glória* na constatação dos milhões de milhões de cidadãos que, um pouco por todo o mundo, não dispõem dos pré-requisitos básicos, das condições de vida, de formação e de conhecimento que lhes permitam ser realmente cidadãos do mundo. Basta lançar um olhar sobre os continentes africano, asiático, americano e também europeu e as conquistas tecnológicas perdem muito do seu encanto.

As questões da globalização, do desenvolvimento científico e tecnológico, da sua divulgação e das suas condições de uso e de acesso constituem uma iniludível conquista da humanidade, mas, como sempre, dizem particularmente respeito apenas aos novos iniciados, portadores dos códigos de linguagem que possam permitir a continuidade das permutas, das descobertas e do conhecimento.

Portanto, trata-se de uma questão cujo fundamento é de natureza ética e não apenas epistemológica ou tecnológica, pressupondo abordagens de matriz sociológica e axiológica no quadro dos direitos universais à cidadania plena que a modernidade anunciou, mas não cumpriu. E trata-se também de um tipo de problema que interpela as diferenças conceituais entre informação e formação, isto é, coloca a questão da possibilidade de apropriação da informação como condição de aprendizagem, construção de saberes e desenvolvimento pessoal e social dos cidadãos.

Obviamente que esse problema coloca-se de um modo se a questão do desenvolvimento for encarada do ponto de vista individual e de outro modo distinto, se for encarada por um grupo social específico ou, ainda, se for considerada em sua acepção mais globalizante: todos os homens com iguais direitos.

Ora, se o fenômeno da globalização nunca como hoje adquiriu expressão tão plena quanto às hipóteses técnicas de intercomunicação, parece que também deverá sê-lo na consideração mais abrangente dos seus destinatários.

Quando fazemos, ou tentamos fazer, predições sobre o futuro mais ou menos próximo e quando tomamos como pressuposto a possibilidade da interatuação em rede entre todos os cantos do mundo, então parece da mais elementar lógica que nelas se incluam não apenas grupos civilizacionais com acesso facilitado, mas também — e talvez principalmente —, os iletrados das novas literacias, os caminhantes que, perdidos no tempo, não acreditam em seus próprios olhos e testemunham, incrédulos, o futuro tornado presente na vida dos outros.

Desse ponto de vista, importa questionar, quando se fala de mundo, de que mundo se fala para não se cair em generalizações que, para além de abusivas, revelam-se inconsistentes, falsas e injustas. A globalização continua a dar passos, e os próximos partem dos avanços tecnológicos atuais, mas ecoam na consciência solidária que se espera como futuro.

Então, torna-se claro que nenhuma previsão em termos de conhecimento possa hoje ser extensiva à totalidade dos cidadãos, mesmo que assumida a possibilidade científica e tecnológica de tal evento. Falta algo no paradigma. A reflexão sobre as dimensões em presença e em falta terá, ela própria, que começar a delimitar, e isso mesmo é já uma marca de exclusão.

A procura de algum consenso quanto ao que se pensa poder vir a constituir fundamento para formar os cidadãos, seja do ponto de vista da sua pessoalidade, seja da sua profissionalidade (e na sua relação social com os seus concidadãos), não pode ir além de mero exercício teórico no que se refere ao desenvolvimento individual e de procura de indicadores naquilo que se refere a grupos específicos de desenvolvimento civilizacional. Portanto, não será equivalente fazer análise prospectiva para os desenvolvimentos esperados para o século XXI, usando como hipóteses de trabalho as características da profissionalidade dos cidadãos, independentemente dos seus saberes básicos, dos seus contextos de trabalho, das culturas e das linguagens que definem os seus valores referenciais e os seus padrões de vida e de conduta.

O que importa, então, salvaguardar é que, ao optar-se por essa delimitação, admite-se e assume-se que é a sociedade do conhecimento a pensar para si própria, a forçar a descoberta, a investigar mais e melhor conhecimento que circulará, mais ou menos aberta e explicitamente, mas também e simultaneamente, de forma mais ou menos criptografada e oculta. Ou seja, mesmo no seu interior, os mecanismos de difusão estão sujeitos aos critérios de *scientiapolis* (Sousa Santos, 1989) e quase nunca o poder que lhes está associado encontra-se ausente dessa relação divulgação/ocultação.

Então, deixe-se dito que todos os desenvolvimentos teóricos nesse sentido ficam maculados de ferida ética pelo que deixam para trás, pelo que calam e pelo que, calando, consentem. A menos que, em algum momento, seja possível retomar a ferida e a dor dos povos e dos indivíduos excluídos e incluí-los no trajeto de pensamento que claramente retome o projeto do homem na sua dignidade, na sua inteireza e na sua universalidade.

Quem sabe, não será este o momento de falar de uma nova e, enfim, outra forma de globalização que se possa traduzir em novas formas de humanização?

A ATUAL *SOCIEDADE DO CONHECIMENTO* E OS DESAFIOS DA MODERNIDADE

Salvaguardada a questão de princípio relativa à consciência de privilégio que a pertença a uma elite social constitui e à decorrente má consciência das injustiças de todos os privilégios, retomem-se as questões da prospectiva possível naquilo que possa perceber-se como sociologicamente desejável.

Não parece difícil antecipar a importância que os processos formativos dos cidadãos adquirem nessa progressiva conscientização do compromisso ético com os valores do bem, da liberdade, da justiça e da solidariedade, de par com os valores, também inestimáveis, do desenvolvimento econômico, científico e cultural em todas as suas formas e manifestações.

Dito de outro modo, parece de novo e como sempre caber à educação a parte fundamental dessa difícil e complexa tarefa de conciliar crescimento econômico e desenvolvimento social, de assegurar os valores inerentes à cidadania plena, assegurando, para tanto, as condições para o seu exercício.

Trata-se realmente de uma questão primordial das sociedades, que passa pela discussão quanto à natureza e à finalidade dos princípios subjacentes à formação de todos os cidadãos, sobretudo daqueles que, senhores de mais conhecimento e detentores de mais poder decisional, possam abrir-se a um tipo de compreensão mais alargada, mais inclusiva e, dessa forma, mais humana.

Tal indicador, emergente de uma reconhecida utopia de bem, pressupõe que os sistemas educativos possam repensar-se, ajustando-se aos novos desafios não apenas de continuado aprofundamento científico e tecnológico, mas também à reflexão sobre o uso social que deles se faz. Como parece evidente, trata-se de uma tarefa que se confronta com níveis de máxima complexidade, já que atravessa o repensar das funções da instituição educativa em todos os seus níveis e destinatários, o repensar da natureza, dos tipos, dos níveis e das fontes de conhecimento que nela se produzem e continuadamente se constroem e, ainda, repensar os mecanismos de formação dos seus próprios atores enquanto formadores de outros, geração após geração.

Ora, como é amplamente reconhecido, nas sociedades ocidentais próprias dos países desenvolvidos, tal propósito parece ter vindo a constituir uma preocupação constante e dominante ao longo de todo o século XX. De fato, em qualquer das áreas referidas, os movimentos de reforma não têm parado, em uma procura quase incessante das respostas possíveis para os complexos problemas com os quais as sociedades também se confrontam progressivamente.

E é nessa procura que, um pouco por todo o lado, investiga-se e desenvolvem-se estudos de caracterização e diagnóstico de situações, de elaboração de planos de ação e de reorganização conceitual estratégica, de análise prospectiva de fatores *avant coureur* que possam antecipar futuros e permitir aos homens sonharem as suas utopias.

Nesse processo, crê-se que mais do que a ausência de lugar que o conceito de utopia na sua gênese pressupõe, ele admite também a hipótese de um outro tempo no qual as condições permitam instituir, então, esse *lugar*, apenas temporariamente, não possível.

É nesse ponto, crucial para o desenvolvimento pessoal e coletivo, que conhecimento e crença no futuro entrecruzam-se, alicerçando em cada indivíduo e em cada grupo a determinação para a mudança, a capacidade para a entrega, a competência crítica e metacrítica para discernir e escolher as razões e os caminhos através dos quais farão a sua própria *viagem*.

Os desafios que se colocam à formação são, nessa linha de pensamento, os desafios à reflexão pessoal e coletiva, enquanto processo e instrumento de conscientização progressiva, de desenvolvimento continuado e partilhado, de persistência na investigação constante, enquanto fonte de novos informes, de crença, de algum modo sublime, na hipótese de o homem poder vir a descobrir-se e a encontrar-se com a sua própria humanidade.

Os desafios parecem apontar para a reconsideração paradigmática nos vários sentidos que E. Morin (1995) vem atribuindo-lhe. Em primeiro lugar, aceitar e partilhar uma visão cultural integrada e sistêmica que, apesar da complexificação que opera em todos os níveis de análise, constitui a única forma de ultrapassar o *fosso trágico* que a separação das culturas científica e humanista tem desencadeado.

Em segundo lugar, aceitar as *condições de incerteza* que caracterizam toda a atividade humana, ditando correspondentes condições de diversidade, de heterogeneidade e de imprevisibilidade impeditivas da pré-definição de respostas, da sua modelação estandardizada, da sua execução acrítica e independente dos fatores contingenciais de cada situação e/ou momento histórico.

Trata-se de reavaliar os modelos de racionalidade subjacentes às lógicas que sustentam os diferentes paradigmas, preferindo a uma lógica positivista, fragmentante, redutora e linear, de aplicação instrumental e de cariz tecnicista, uma outra, de natureza reflexiva, crítica e ética, mais integradora e mais compreensiva da multi e interdimensionalidade fenomenológica. Ou seja, conforme o mesmo autor, procurar impedir a *perda de reflexividade* que tem sido verificada, processo que tem igualmente impedido que a ciência se pense quanto ao seu próprio futuro e quanto à natureza particular das ciências humanas.

Por último, parece igualmente importante considerar que o desmoronamento das certezas que o paradigma positivista anunciava coloca novas questões quanto ao esvaziamento e à relativização do conceito de verdade e quanto às teorias e princípios que dele derivavam.

Também a emergência da subjetividade inerente a toda a interpretação discursiva coloca os problemas da educação e da formação no plano das culturas e das linguagens, da produção de novos sentidos e no encontro de novas perspectivas cuja matriz conceitual e ecológica pode legitimá-las e validá-las pragmaticamente, caso os princípios fundadores da universalidade dos direitos humanos nelas se reconheçam.

Então, é o caso de repensar a própria estrutura de pensamento naquilo que se refere aos princípios fundamentais que, conforme Morin, devem reger e regular todos os discursos e todas as teorias: fazer apelo a um paradigma que admita e configure-se na complexidade do humano e que comporte como elementos fundadores a idéia de distinção e de singularidade dos elementos que o constituem, mas também a idéia de conjunção e da sua mútua implicação.

Portanto, trata-se de aprender a religar os fragmentos que sucessivos movimentos de hiper-especialização foram tornando cada vez mais distanciados do componente sistêmico e globalizante próprio da coerência, que dá sentido a todos os fenômenos com os quais se confronta o ser humano.

A reconsideração paradigmática que se reconhece como equilibradora dos destinos da humanidade aponta em um sentido educacional e formativo que estimule, facilite e promova nos cidadãos as suas competências de pensamento e de reflexão crítica e metacrítica que, de forma coerente e conjunta, permitam a continuidade dos processos de aprofundamento científico, econômico e tecnológico, porém, em um quadro de inteligibilidade do mundo, percebido como menos desagregador e menos bárbaro.

FORMAR PROFISSIONAIS PARA O EXERCÍCIO CONSTANTE DA MUDANÇA

Os contextos de incerteza aos quais se tem aludido foram, ao longo do século XX, uma característica cada vez mais reconhecida e constatável em todas as áreas do conhecimento, sendo evidentes na generalidade das abordagens, sejam elas marcadamente sociológicas, epistemológicas, históricas, psicológicas, pragmáticas ou filosóficas. Contudo, é na relação formação-trabalho ou, ainda mais profundamente, na relação formação-emprego que se revelam mais preocupantes.

À semelhança do que se pode observar um pouco por toda a Europa, também entre nós, um estudo desenvolvido pela Universidade Católica e divulgado através da Direção Geral de Emprego e Formação Profissional (Carneiro, 2000) coloca algumas questões fulcrais aos processos de reflexão sobre a natureza da formação que se admite como adequada aos novos tempos. Esse estudo constitui uma prospetiva da educação e do emprego no contexto econômico português, apontando para uma análise cujo horizonte é a primeira década e meia do século que agora se inicia.

Nesse sentido, são referidas como principais conclusões, em primeiro lugar, a transposição da idéia de incerteza para o campo do mercado de trabalho e de emprego e, em segundo, a exigência que tal fato acarreta ao nível da qualidade da formação dos cidadãos candidatos à empregabilidade.

É nesse clima de incerteza, o qual envolve a manutenção do emprego nas condições de mercado, de produção e de desenvolvimento social atuais, que o estudo deixa antever que as baixas qualificações dos profissionais parecem constituir um dos maiores obstáculos ao próprio desenvolvimento pessoal e social. Assim, um dos fatores que é apontado como condição indispensável à sua promoção é o processo de conscientização dos próprios profissionais quanto à necessidade de permanecerem em processo de formação constante e requalificadora.

Processo de conscientização que, também do nosso ponto de vista, deve estender-se aos sistemas educativos e de formação no sentido de os seus responsáveis reorientarem os recursos e as estratégias de ação para atenderem às características e às necessidades que se delineiam no quadro do mercado nacional e internacional de emprego.

Retomando a reflexão anterior, torna-se evidente o apelo a uma atitude de reflexão crítica que permita e facilite uma visão integrada dos dois tipos de fenômeno nas suas mútuas e complexas implicações. Sendo previsível que, neste século, os fatores inerentes à problematização dessas relações venha a acentuar-se, importa conhecer e divulgar esse tipo de informação antecipatória, enquanto elemento com algum poder regulador no interior das incertezas inevitáveis.

Nesse quadro, também K. Evans, no seu livro *Shaping futures: learning for competence and citizenship* (1998, p. 3) refere que na reflexão sobre essa problemática os conceitos de competência e de cidadania são questões centrais no debate sobre formação, tendo reentrado nele com renovada consciência e com renovada força e que essa mesma reflexão "deve apoiar-se em análises mais holísticas da dinâmica social".

Escudero Munõz (1999) confirma que um dos pressupostos que convoca maior consenso entre os investigadores diz respeito à necessidade de se considerar, nas políticas e nos modelos de formação, a sua natureza multidimensional. O autor defende que a formação como cultura põe em causa o modelo tradicional de Universidade, enquanto principal instituição formadora, no sentido em que questiona o que nela se pensa, valoriza-se e pretende-se promover.

Ou seja, propõe uma reflexão crítica e atempada acerca das suas funções de serviço à sociedade, capaz de promover novas culturas que, por sua vez, estruturem e fundamentem novas concepções e práticas de ensino, de aprendizagem e de formação. Assim, o autor convida à reflexão principalmente sobre as seguintes questões:

- Quais os tipos de cultura e de formação que essa instituição deve oferecer, tanto do ponto de vista das competências profissionalizantes quanto das competências para o exercício da cidadania responsável e plena?
- Quais os tipos de saberes e de conhecimentos que considera valiosos?
- Em que grau estabelece, ou poderá estabelecer, relações equiparáveis ou desiguais entre os conhecimentos?
- Quais os valores e os princípios científicos e também éticos e morais que se articulam, ou deveriam fazê-lo, na formação dos futuros profissionais e de que modo isto se traduz nos currículos ou planos de estudo e nas políticas de ensino e de avaliação (Morin, 1999, p. 143)?

Na procura de respostas a estas e a outras questões, agora reformuladas à luz de novas perspectivas, o mesmo autor, recorrendo às contribuições de outros pensadores, como Fullan e Hargreaves (1996), sustenta que a formação não pode ser entendida hoje apenas como aprendizagem de técnicas, mas também como desenvolvimento das dimensões culturais, emocionais (incluindo biográficas) ligadas à profissão, na procura de equilíbrios que interliguem o pessoal, o profissional e o social.

Assim, refere que a formação para esse tipo de desenvolvimento deve percebê-lo como um fenômeno integral e sustentado no tempo e como um processo de natureza individual e coletiva, com vocação para integrar conhecimento referencial sistemático e prático e que deve apresentar-se organizado para a resolução de problemas.

Como critério mais que geral, e no que se refere à formação permanente, o autor salienta e defende que o conhecimento (teórico) disponível deve ser considerado como convidado para melhor entender e transformar as práticas em uso, assim como, nessa mesma *cerimônia*, deve participar com direito próprio o conhecimento pessoal prático, subjetivo e situado. Os valores de um e de outro entram em relação de modo que o caráter mais geral do primeiro *vai tornando-se prático* em face da mediação operada pelos referentes que, pessoalmente, balizam as interpretações.

Desse modo, "a teoria tem de tornar-se viva na prática e esta, para não ser cega ou complacente, deve estar exposta à interpelação do conhecimento sistemático e geral" (Escudero Munõz, 1999, p. 148).

Retomando as questões ao nível nacional e, retomando ainda, a análise prospectiva que já referenciamos, salientamos as três idéias fundamentais que ressaltam do estudo e que, de algum modo, especificam as preocupações com a natureza da relação ensino-aprendizagem como substância dos processos pessoais e coletivos de construção do conhecimento e de desenvolvimento.

Uma primeira conclusão aponta para a idéia de *aprendizagem sem idades*, de matriz diversificada e flexível, com recurso às linguagens multimídia veiculadas pelas novas *estradas da informação* capazes de, como vimos, eliminarem os *cativeiros* do espaço e do tempo. Aprendizagem, cada vez mais partilhada e em rede, aberta às contribuições européias e internacionais através daquilo que os autores designam como *aventuras formativas* que se desenvolvem no seio de comunidades aprendentes.

Um segundo conceito prediz que, até 2015, deverá estar enraizada no sistema educativo a trilogia que tipifica as formas de ensinar através das formas de aprender: o *aprender ensinado*, o *aprender assistido* e o *aprender autónomo*. Trilogia que remete para uma dimensão supervisiva das funções de ensino, de natureza meta-reflexiva e que providencia soluções estratégicas não-*standard* (Sá-Chaves,1994) de acordo com a natureza instável e dinâmica de cada situação, de cada aprendente e de cada contexto de formação. Dessa maneira, o formador poderá configurar as situações pedagógicas que melhor se ajustem às características de quem se forma, podendo ir das mais elementares técnicas de ensino direto às mais complexas e autonomizantes estratégias de (re)construção pessoal dos saberes detidos.

Por fim, refere-se à necessidade de resgatar o sistema educativo da *pressão quantitativa*, abrindo-se aos desafios da qualidade, da diversidade e da diferenciação institucional. Como refletimos, é na discussão dos pressupostos de qualidade que se jogam os efeitos da formação e é dessa reflexão que pode emergir a dimensão do agir coletivo, capaz de congregar energias e saberes, capaz de gerir as dissonâncias conceituais, práticas e pessoais e, por essa imensa e difícil via, cada escola poder, de forma continuada, construir a sua *alma* (Sá-Chaves, 2000).

Cada passo possível de ser dado nessa caminhada e nessa construção de identidades pessoais e coletivas mais competentes e mais solidárias constitui a certeza de que, cada vez que isso aconteça, alguém se antecipou ao seu próprio futuro, dando continuidade a essa persistente luta contra as dimensões distanciadoras de espaço e de tempo. Um movimento de reaproximação que a tecnologia garante cada vez mais, mas não na qualidade de condição necessária e suficiente. Por isso parece urgente redimensionar o paradigma.

NOTA

1. Conferências do Milênio, Câmara Municipal de Aveiro, "Até onde pode ir o infinito?". Centro Cultural e de Congressos de Aveiro, 22/01/2000.

REFERÊNCIAS BIBLIOGRÁFICAS

CARNEIRO, R. (Coor.). Aprender e trabalhar no século XXI. Tendências e desafios. *DGEFP,* Lisboa: Ministério do Trabalho e da Solidariedade, 2000.
CORREIA, J.A. Formação e trabalho: contributos para uma transformação dos modos de os pensar na sua articulação. In: *Formação, saberes profissionais e situações de trabalho.* Lisboa: AFIRSE, 1996. p.3-30. v.1.
ENGUITA, H. La transformación de la universidade española. *Revista Interuniversitária de Formación del Professorado,* n.34, p.31-37, 1999.
ESCUDERO MUÑOZ, J. La formación permanente del professorado universitário. Cultura política y procesos. *Revista Interuniversitária de Formación del Profesorado,* n.34, p.133-157, , 1999.
EVANS, K. *Shaping futures. Learning for competence and citizenship.* Sydney: Ashgat, 1998.
FULLAN, M.; HARGREAVES, A. *What's worthing fighting for in your school.* New York: Teachers College, 1996.
GIDDENS, A. *As conseqüências da modernidade.* Oeiras: Celta, 1994.
KUHN, T. *La structure des révolutions scientifiques.* Paris: Flammarion, 1972.
MORIN, E. Por une reforme de la pensée. Texto apresentado no *ForumMCX, Entretiens Nathan,* 25 e 26 Nov. 1995 e publicado em Paris: Nathan, 1996.
──────. *Introdução ao pensamento complexo.* Lisboa: Piaget, 1991.
──────. Réforme de la pensée, transdisciplinaire, reforme de l'université. Texto apresentado no *Congresso Internacional «Quelle Université pour demain? Vers une évolution diciplinaire de L'Université».* Lucarno, 1997, *Motivation,* Suíça, n.24, 1997.
REID, A. The value of education. *The Journal of the Philosophy of Education Society of Great Britain,* 1998. p.319-331.
SÁ-CHAVES, I. *A construção do conhecimento pela análise reflexiva da práxis,* Universidade de Aveiro, 1994. (No prelo, tese de doutoramento.)
──────. A qualidade da escola somos nós. In: ──────. *Formação, conhecimento e Supervisão.* UIDTFF/Universidade de Aveiro, 2000. p.19-28.
SOUSA SANTOS, B. *Introdução a uma ciência pós-moderna.* Porto: Afrontamento, 1989.
USHER, R.; EDUARDS, R. *Postmodernism and education.* London: Routledge, 1994.

capítulo 5

Paradigmas de Formação e Investigação no Ensino Superior para o Terceiro Milênio

José Tavares e Isabel Alarcão

Refletir sobre os paradigmas de formação e investigação no ensino superior para o terceiro milênio é lançar hipóteses de trabalho. Faremos isso em um contexto que leve em conta não só as linhas mestras do que poderíamos chamar paradigmas tradicional e pós-moderno, mas também a nossa experiência docente na investigação e na administração e a reflexão que vimos fazendo sobre esses temas já há vários anos. É nossa convicção profunda que estamos caminhando para um novo paradigma que, embora não rompa inteiramente com os precedentes, baseia-se em pressupostos e dinâmicas diferentes. A sociedade emergente, na sua passagem para o próximo milênio, exige paradigmas de formação e investigação em todos os segmentos do ensino e, mais especificamente, no ensino superior que sejam diferenciados, inovadores e mobilizem mais ativamente todos os seus atores.

Tentaremos esclarecer esses paradigmas, examinando as principais características da educação tradicional e pós-moderna para ver até que ponto, apesar das rupturas que ocorrem, elas continuam e determinam o paradigma emergente. Tomaremos como pontos de referência as atitudes dos sujeitos, os processos e os contextos. Ao referirmos os contextos, não poderemos deixar de fazer uma referência também aos contextos organizacionais. Convém esclarecer, desde já, que os paradigmas não se excluem no tempo, mas, não obstante a sua coexistência, percebem-se tendências diferenciadoras.

O PARADIGMA TRADICIONAL

Para caracterizar o paradigma tradicional relativamente à docência, à formação e à investigação no ensino superior, podemos partir das atividades que os professores fazem no desempenho de suas funções. Levando em conta esse pressuposto, que nos parece de primordial importância, em uma análise muito rápida e sucinta, poderíamos dizer que, no contexto do paradigma profissional, os professores do ensino superior ensinam, transmitem e explicam aos seus alunos a ciência normal disponível, não investigam propriamente. Além disso, classificam-nos. Assim e como corolário, seria possível concluir que, na base de sua atuação, está uma epistemologia de transmissão e aquisição de conhecimentos de que a metáfora "encher contentores e verificar se estão cheios" é bem expressiva da metodologia e dinâmica que presidem a esses processos de instrução, ensino-aprendizagem e avaliação.

Nesse paradigma, já um pouco ultrapassado em alguns aspectos, o bom pedagogo era apenas um bom explicador, o que sabia, com ciência e arte, transmitir as coisas difíceis de um modo acessível, fácil e claro para todos os alunos. O aprendente era considerado como uma entidade abstrata, não-personalizada, o aluno médio, estatístico, sem rosto, sem tempo nem lugar, descontextualizado. Salvo raras exceções, a ênfase era posta nos conhecimentos e na sua aquisição dentro de modelos racionalistas. O poder era apenas do professor porque era ele que detinha o saber, de uma forma absoluta, indiscutível e com autoridade. O aluno era o ignorante, o inculto, o aprendiz que era preciso ensinar, conduzir, disciplinar, controlar. Por isso, a relação do professor com os alunos era naturalmente distante, uma relação de superioridade e, em conseqüência, esperava-se dos alunos uma atitude de docilidade e de obediência, própria do discípulo, seguidor, imitador. O objetivo da aprendizagem visava à aquisição dos conhecimentos transmitidos e à imitação do mestre, como o modelo a seguir. Desse modo, o aluno deixava-se formar, modelar, de acordo com os "moldes" preestabelecidos.

Tratava-se de um processo de modelagem em que a passividade, a docilidade e a disponibilidade por parte do aluno era essencial e determinante. Ele tinha um papel passivo e receptivo, no sentido de deixar-se encher completamente com os conhecimentos e seguir os comportamentos dos mestres, procurando a sua reprodução o mais fielmente possível, porque era essa a medida da qualidade e da excelência do ensino, do desempenho e do exemplo dos professores. Os bons alunos eram aqueles que aprendiam o programa todo e respondiam corretamente a todas as perguntas sobre o mesmo.

E tudo isso porque se conhecia *a priori* o que o cidadão precisava saber para desempenhar o seu papel na sociedade. Uma vez formado, pressupunha-se que estava preparado para exercer a sua profissão autônoma e eficazmente. Nesse quadro, tanto nos processos de aprendizagem e de instrução quanto na organização e gestão das escolas e nos da formação, é ao professor que competem praticamente todas as iniciativas.

Salvo honrosas exceções, a investigação do professor reduzia-se ao estudo da ciência normal condensada nos livros científicos e manuais que, por sua vez, transmitiam e explicavam com a maior clareza possível. Era uma investigação fundamentalmente livresca, cujo grande objetivo era perceber as teorias aceitas pela comunidade científica que constavam nos programas que tinham de explicar aos seus alunos. Havia também alguns professores que tentavam ir um pouco mais longe, mas normalmente não eram considerados bons pedagogos ou, então, assumiam claramente o papel de investigadores cujos assuntos da pesquisa não tinham muito a ver com a docência.

Os alunos aprendiam, muitas vezes, memorizando as fórmulas e os resumos ditados pelos professores. Nos testes, era reproduzida a ciência aprendida, sobretudo aquelas partes recomendadas pelos próprios mestres. Nesse sentido, poderíamos referir que, em uma universidade de grande nome, na velha Europa, um distinto professor ia repetindo nas suas aulas: isto sublinhem, duas vezes, aquilo, três, e mais aquilo, sete, etc. E o mais importante é que a avaliação final da disciplina iria depender, em grande parte, da obediência a essa orientação fielmente seguida.

PARADIGMA PÓS-MODERNO

O paradigma pós-moderno caracteriza-se por ser um paradigma de transição. Ao lado da concepção anterior de um sujeito que adquire conhecimento, que é ensinado e que aprende, começa a emergir a de um sujeito como construtor do conhecimento. Recomenda-se menos instrução, menos ensino, mais aprendizagem. Reconhece-se a importância de ajudar os alunos a pensar, a refletir, a descobrir o mundo. Enfatiza-se os processos, a gestão da formação e da avaliação, indo ao encontro do sentido etimológico de educação, *ex-ducere*, ajudar a sair de, do fundo de si próprio, na ótica da epistemologia (ascese ou dialética) socrática. Ou seja, pensa-se poder levar os aprendentes até a dúvida total de todas as suas certezas (dialética) e, uma vez feita a experiência da ignorância de tudo, ajudá-los a construir, "a dar à luz" o conhecimento a partir de si próprios (maiêutica).

Após a crença na objetividade do conhecimento que caracterizou a ciência moderna, a investigação pós-moderna parte também de uma "ascese", de uma dialética semelhante, mas mais confiante na realidade empírica. Assim, o sujeito constrói a partir de si mesmo as suas representações sensoriais, perceptivas, lógicas, mas em interação permanente com a realidade construída que lhe serve de referente e cuja interpretação permite-lhe estabelecer significados, produzir sentido(s).

Essas concepções de formação e investigação mexerão com as atitudes dos sujeitos, com os processos de aprendizagem, com os conteúdos, com os conhecimentos, com as formas de organização e gestão das escolas e com os seus contextos, mais ou menos alargados, ao nível dos exo e macrossistemas. A nossa formação, os nossos processos de aprendizagem continuam a configurar-se, em boa parte, dentro dos mesmos pressupostos, talvez mais explícitos e flexíveis, cujo grande objetivo é dar solução aos problemas da escola e das aprendizagens e não tanto o de procurar novos modelos, mas o de adaptar e extrair as virtualidades dos que temos vivido que, muitas vezes, foram implementados de um modo incorreto e com a agravante de terem sido, em alguns casos, postos de lado sem ter sido feita uma avaliação séria e rigorosa dos mesmos.

Acresce dizer que hoje, felizmente, começa a abrir-se uma nova perspectiva porque se faz apelo, de uma forma cada vez mais insistente, à ligação íntima que deverá existir entre formação e investigação. Os processos de ensino e de aprendizagem de formação deverão alicerçar-se em uma atitude investigativa e conduzir à investigação em uma perspectiva contínua e em espiral otimizadora. Em nossa opinião, é nessa direção que tudo se encaminha; foram introduzidas outras valências e, especificamente, uma maior acentuação das de natureza relacional e interpesssoal, contribuindo para a transformação das sociedades modernas e contemporâneas em sociedades pós-modernas que hoje começam a apontar para uma nova ordem social, ao nível planetário, na chamada sociedade emergente dos nossos dias.

É sobre essa sociedade emergente, corolário das sociedades pós-modernas, que iremos debruçar-nos mais detalhadamente a seguir.

PARADIGMA EMERGENTE

A abordagem dessa problemática, cujos contornos ainda estão mal definidos, talvez nos seja facilitada através da identificação e do comentário de alguns corolários decorrentes das sociedades pós-modernas, as quais reclamam relações mais flexíveis e humanizadas através da introdução de relações interpessoais mais consistentes, que poderíamos enunciar do seguinte modo:

O QUESTIONAMENTO DO CONHECIMENTO E A SUA CONSTANTE ATUALIZAÇÃO

Esta é uma característica da nova atitude investigativa que parece começar a configurar a nova ciência. Parafraseando uma tese de Óscar Gonçalves (1996), estamos em presença de uma outra visão epistemológica que resulta não apenas da interação entre os *desafios do experiencialismo, do culturalismo, do neopragmatismo*, mas da *indisciplinaridade* ou da meta e transdisciplinaridade, diríamos nós, no sentido de contrariar a excessiva especialização (investigar, saber tudo de nada) ou a excessiva abrangência, a multidisciplinaridade (investigar, saber nada de tudo), recusando assumir a segmentação da experiência humana como forma normal de pesquisa, de evolução científica e de construção do conhecimento.

A Discussão da Autoridade e a Relativização dos Valores

Assistimos a um desnorte cada vez mais acentuado em termos de referenciais. Embora o homem continue à procura de valores absolutos, em sua experiência cotidiana só encontra valores relativos. E aqueles em que ontem depositava alguma esperança hoje se desmoronam como castelos de cartas. Os próprios resultados da sua investigação produzem efeitos contraditórios, desencadeando estados de enorme alegria e, ao mesmo tempo, de medo, de angústia, de estranho pesadelo. Aí está, na ordem do dia, a clonagem que é um exemplo bem elucidativo que virá pôr em questão mais uma série de certezas, mas também a expor a humanidade a comportamentos manipulatórios e perversos de conseqüências imprevisíveis.

A Globalização da Informação, da Cultura e os Fenômenos Migratórios

Três vetores indiscutíveis que, de certa forma, comandam as sociedades atuais e que fazem delas uma sociedade da comunicação na qual a seleção e a gestão da informação assumem uma importância crucial. Temos consciência de que a globalização da informação e os fenômenos migratórios dos povos em movimento, sobretudo ao sul do planeta, onde as carências e a miséria são aflitivas, começam a exigir uma cultura, uma mentalidade diferenciadas que possibilitem uma nova ordem mundial mais equilibrada, mais justa e corajosa seja da parte dos governantes, seja da própria sociedade civil. Eis outro grande problema que não poderá estar, de maneira alguma, ausente da formação e do ensino superior.

A Formação para o Incerto

Nesta sociedade emergente, começa a ser cada vez mais urgente formar e preparar as pessoas para o incerto, para a mutação e para situações únicas e até chocantes que lhes exijam um maior esforço para a paz e o desenvolvimento de maiores capacidades de resiliência. De qualquer modo, é preciso analisar essa nova sociedade, compreendê-la, avaliá-la, tomar decisões informadas por uma inteligência menos cerebral e mais emocional. Isto pressupõe não só novos conhecimentos, mas também o desenvolvimento de capacidades e competências básicas e específicas, firmadas em relações interpessoais mais sólidas, confiantes e autênticas. As dinâmicas e as relações intra e interpessoais na sociedade emergente deverão alicerçar-se não só em conhecimentos de uma inteligência esclarecida e refletida mas também em uma inteligência emocional. Ou seja, uma inteligência resultante de uma visão com base não em QIs, mas em QEs. Essa atitude possibilitará a abertura e o desenvolvimento de capacidades essenciais para compreender situações e resolver problemas a partir de reconfigurações de saberes adquiridos que, por sua vez, criam novos saberes e novas formas de comunicar, sendo que isso implica tornar perceptível o que se pensa e encontrar espaço de audição para o outro. Além disso, implica novas formas de trabalhar em equipe, de assumir riscos, de ser pró-ativo, de utilizar as novas ferramentas tecnológicas, de identificar necessidades próprias de formação e possibilidades de complemento de formação. Isto pressupõe um perfil de formação inacabado, um conceito de formação permanente, contínua, especializada, em ação.

Percursos de Formação e Aprendizagem

Em relação aos percursos de formação e aprendizagem, é preciso articular de uma maneira harmoniosa e progressiva, dinâmica, as aquisições e as construções de conhecimentos; combinar, em uma lógica de articulação dos dois paradigmas anteriores, a produção e a aquisição de saberes, a tradição e a inovação, as lógicas racionais e as criativas, as lógicas da razão e do coração.

Avaliação da Formação

Há uma enorme necessidade de romper com uma formação realizada sobretudo em função de testes, sem com isso diminuir o seu papel e a sua importância nos processos de avaliação, tendente à homogeinização das práticas escolares em um figurino único, com a subvalorização crônica dos fatores micro ou meso (científicos, pedagógicos, organizacionais, de gestão curricular) e a supervalorização dos fatores exo ou macro (sociais, administrativos, financeiros). Portanto, é preciso introduzir uma nova perspectiva de avaliação, diversificar os perfis de formação, desenvolver o trabalho em equipe com pessoas com valências diferentes, compensar a tendência para uma sociedade excessivamente virtual em que cada pessoa disporá das suas próprias linhas, canais ou espaços de informação, cada vez mais ao seu alcance, abrindo novas possibilidades de diálogo, de confronto de idéias, de experiências e de convivência.

A Aprendizagem Experiencial

As aprendizagens na sociedade emergente terão de desenvolver-se de uma forma mais ativa, responsável e experienciada ou experiencial, as quais façam apelo a atitudes mais autônomas, dialogantes e colaborativas em uma dinâmica de investigação, de descoberta e de construção de saberes alicerçarda em projetos de reflexão e pesquisa, baseada em uma idéia de cultura transversal que venha ao encontro da interseção dos saberes, dos conhecimentos, da ação e da vida. É preciso valorizar a criação de ambientes estimulantes para a aprendizagem e incentivar o desenvolvimento da criatividade, da inovação e da sua divulgação. Deverá destacar-se a explicitação de uma dinâmica espiralada ou biimplicativa entre reflexibilidade e autonomia que deverá animar a ação educativa.

Os Contextos de Aprendizagem

Os contextos de aprendizagem não poderão deixar de estar presentes nesta concepção, uma vez que, em nosso ponto de vista, revestem-se de uma importância crucial em todo e qualquer programa de formação.

Os corolários que acabamos de identificar e que, pela própria natureza das coisas, entrecruzam-se e recobrem-se, pressupõem alterações substantivas e profundas ao nível dos sujeitos, dos processos, das formas de organização e gestão das estruturas e das aprendizagens. É o que examinaremos, ainda que sucintamente, a seguir.

Os Sujeitos

A sociedade emergente é possibilitada e configurada por sujeitos com objetivos, atitudes e processos diferentes que exigem outras formas de organização e gestão das estruturas e das aprendizagens, outros contextos. Como são, como agem e comportam-se, como aprendem esses novos sujeitos? Que formas de organização e gestão, que contextos exigem? São estas as questões que surgem de imediato e espontaneamente. Talvez ainda seja cedo para tentar responder a elas, porque as caraterísticas dos novos sujeitos da sociedade emergente não são muito perceptíveis. Do que parece não haver dúvida é de que eles estão aí, principalmente entre as camadas mais jovens ou de idades mais avançadas com idéias rejuvenescidas, para poderem ser observados e estudados. Por um lado, os nossos jovens parecem mais infantis, imaturos, vindos de outros planetas, menos subjugados aos pais, educadores, professores, mas conhecedores de outras coisas, mas mais instáveis, irreverentes, incrédulos em relação aos valores e antivalores que sustentam o mundo dos adultos. Por outro lado, apresentam-se com propostas mais inovadoras, mais cidadãos de um mundo mais igual, com menos tabus e complexos, em que tudo está mais próximo e em permanente convivência.

Na sociedade emergente, verifica-se que as camadas mais jovens ascendem rapidamente aos lugares de maior relevo e a longevidade dos mais velhos aumenta. As soluções vindas das sociedades pós-modernas para esse problema têm sido a de sobrecarregar aqueles e dispensar estes, condenando-os a aposentadorias forçadas ou despedindo-os, simplesmente empurrando-os, na grande maioria dos casos, para o desemprego ou para uma imensa solidão em nome da produtividade. Será que a sociedade emergente irá tolerar essa situação ou, pelo contrário, irá tentar restabelecer o diálogo, a colaboração, a entre-ajuda, a confiabilidade entre as diferentes gerações, classes sociais, raças e religiões? Conseguirá isso diante das enormes dificuldades e carências que se verificam? De qualquer modo, esse grande desafio aí está e as pessoas dessa nova sociedade parecem, de fato, mais sensíveis a ele.

Os Processos

Também ao nível dos processos, a alteração deverá ocorrer em extensão e profundidade. Aliás, algumas idéias já andam no ar e são ouvidas com freqüência na boca de professores e alunos como indiciadoras disto mesmo: autonomia, responsabilização, auto-estudo, auto-regulação, estudo dirigido, auto-avaliação, qualidade total, gestão da aprendizagem, construção, produção de saberes e convivência, aprendizagem em cooperação, educação global. Contudo ouvem-se também freqüentes queixas à falta de preparo dos alunos, em termos de conhecimentos e hábitos de estudo, que não são menos preocupantes. Também se começa a falar, cada vez com mais insistência, que o sucesso da nova sociedade está diretamente ligado ao sucesso da escola, mas esta atravessa uma grande crise. Aposta-se na qualidade e afirma-se que ela e até a excelência deverão ser a norma e o objetivo da formação, das aprendizagens nas escolas, embora as contradições com as práticas sejam enormes e constantes. Daí que a guerra ao insucesso e às dificuldades de aprendizagem seja a grande batalha que vem sendo travada e que, de certa forma, tem configurado as reformas educativas e várias pesquisas realizadas ou em curso. Acontece, porém, que as reformas, em geral, e as universitárias, em particular, têm sido mais reformas curriculares do que processuais, pedagógicas, atitudinais, estruturais. Diante dessa constatação, urge agir de modo a que estas informem e dinamizem aquelas.

Também não é menos evidente que uma das preocupações da sociedade emergente é, efetivamente, a alteração profunda dos processos de aprendizagem de formação. Qual ou quais? Qual a relação entre o pensamento das novas concepções e a ação que o concretiza? Com que sujeitos? Com que tarefas e conhecimentos? Com que métodos e estratégias? Em que contextos? Sabemos que qualquer tentativa de resposta não pode deixar de passar por esse tipo de questões, que não iremos desenvolver aqui, mas aceitamos o desafio de que a aprendizagem joga-se na interação entre o pensamento e a ação. Aprende-se interagindo com os outros (professores, colegas, especialistas presentes ao vivo ou presentes virtualmente no documento livro tradicional ou multimídia atual), isto é, escutando, lendo, dialogando; aprende-se interagindo com os conhecimentos, com as idéias, com as tarefas, com os processos, com os contextos. Em suma, aprende-se agindo e interagindo com o mundo, com os outros e com nós mesmos, ou seja, conhecendo, pensando, investigando, refletindo. Ao dizer isso, não significa que tenhamos de transformar os alunos em investigadores, mas sentimos a necessidade de despertar neles o espírito de investigação com as suas características de atenção aos fenômenos da observação, análise rigorosa, abertura de espírito, emoção, deslumbramento, persistência, espírito crítico.

Se a ênfase tem recaído na escuta do professor e na leitura, elas devem ser completadas com outras tarefas que envolvam o estudante no confronto de idéias, na observação e reflexão, na experimentação, na utilização de conhecimentos em projetos de colaboração, na reflexão em uma perspectiva crítica e autonomizante.

As funções do professor são hoje acrescidas. Para além de mero lente e avaliador, o professor, o educador deve ser o mobilizador de conhecimentos e capacidades, o supervisor, o *designer* de tarefas de aprendizagem de grande valor formativo, o "treinador", o guia, o ativador, o promotor, o monitor, o tutor. Há uma divisão do trabalho entre professor e aluno que, longe de poder realizar-se em compartimentos estanques, deve ser feita em um processo de co-responsabilização e contratualização, de partenariado. E cada um tem de perceber quais as suas responsabilidades, os seus direitos e os seus deveres.

Essa alteração dos processos de aprendizagem implica também uma nova organização da escola: com tempos e lugares diferenciados, não só para estar em aulas de grandes grupos, mas também para trabalhar em pequenos grupos ou isoladamente; com acesso facilitado tanto a livros e revistas quanto a computadores e bases de dados e aos serviços de informação da Internet e dos *mass media*; com tempos e espaços para a realização de tarefas concretas, interpelativas da teoria e concretizadoras desta, pois é na interação entre o saber dos outros e a sua aplicação por cada um a uma situação concreta que cada um desenvolve o seu saber.

As fronteiras disciplinares são cada vez menos rígidas e as inter-relações são cruciais. Alguns cursos terão de assumir as características de metacursos em que se tornem evidentes os fundamentos, os conceitos básicos e os modos de pensar próprios daquelas áreas. Os modelos de aprendizagem a partir de tarefas problemáticas têm alguma tradição na medicina. Conhece-se a experiência da Western Reserve University em Ohio, a de Maastricht e de Aalborg. Nelas o aluno assume-se como aprendente ativo, entra em processos de cooperação mais do que de competição, identifica e relaciona conceitos relevantes para a resolução dos problemas ou dos projetos que lhe são colocados. Os professores têm um papel importante na organização das tarefas, na colocação de questões, na identificação de textos e fontes de informação, na monitorização e na avaliação dos progressos.

Também em termos de avaliação, há que se adaptar às circunstâncias. Para além de testes de conhecimentos e de análise das capacidades desenvolvidas através da realização de tarefas, há que se responsabilizar o próprio estudante pelo seu percurso de aprendizagem. Nesse contexto, o portfólio, como um conjunto coerente de documentação refletidamente selecionada, significativamente comentada e sistematicamente organizada e contextualizada no tempo, pode ser um interessante instrumento de aprendizagem, de investigação e de avaliação, obrigando a novos métodos e estratégias. O que é preciso é que ele seja bem compreendido pelos alunos e corretamente construído ao longo de um determinado período de formação, investigação e avaliação para que possa constituir-se como um verdadeiro histórico de um determinado percurso de desenvolvimento dos sujeitos implicados, e não apenas um simples dossiê de arquivo de coisas ainda que úteis e de qualidade.

Essa nova perspectiva da formação e das aprendizagens coloca na primeira linha das preocupações dos alunos e dos professores a questão dos métodos de trabalho. Aprender a trabalhar, a estudar, a investigar, a refletir de um modo diferente é o grande desafio epistemológico da sociedade emergente. Mexer nos processos de aprendizagem implica fazer um sério exame do que os professores e os alunos ensinam e aprendem e com que métodos e estratégias a montante para perceber os problemas que se colocam a jusante nos diferentes segmentos do sistema educativo e, em especial, nos ensinos médio e superior. Os alunos chegam ao primeiro ano do ensino superior com uma preparação de conhecimentos básicos nas diferentes áreas científicas muito deficiente, sem métodos de trabalho e de estudo e muito pouco autônomos e colaborativos, o que é fatal para as novas responsabilidades que as aprendizagens e os novos contextos irão exigir-lhes, acabando por ser vítimas, em maior ou menor grau, de dificuldades acrescidas de aprendizagem, de insucesso, as quais aumentarão os seus problemas de ansiedade e adaptação.

A alteração dos processos de aprendizagem não poderá, de maneira alguma, deixar de atender a esses problemas.

Formas de Organização e Gestão das Estruturas e Contextos de Aprendizagem

As idéias que estão forçando a alteração das atitudes dos sujeitos, exigindo novas formas de abordar os conhecimentos, as atividades e as tarefas, bem como a organização de conceitualizações, processos, estratégias e métodos vêm mexer também com as instituições e com a sua organização e gestão administrativa, curricular, pedagógica e com os próprios contextos de formação. As instituições e as organizações encontram-se hoje sobre pressão de inovações múltiplas que exigem respostas alternativas e rápidas. É preciso contrariar a prepotência de uma lógica macroadministrativa e de gestão e colocá-la a serviço da formação, da docência e da investigação. Os espaços físicos, os equipamentos e os recursos humanos deverão ser pensados sobretudo com critérios científicos, pedagógicos e de investigação, e não com critérios contabilísticos, administrativos e financeiros.

Assim, a importância dos órgãos de direção de uma escola, sejam eles científicos, pedagógicos ou de investigação, é determinante não só no acolhimento de idéias inovadoras que lhe sejam propostas, mas também no apoio e na divulgação de experiências inovadoras. Uma organização e gestão das estruturas e das aprendizagens não poderá igualmente perder de vista a cooperação entre professores e funcionários administrativos, entre professores e alunos. A orientação para a qualidade e o sucesso, o desenvolvimento de mecanismos de avaliação e monitorização, a participação ativa de todos na vida da escola deve ser orientada por uma idéia clara da responsabilidade de cada um e de cada orgão, de uma relação coerente e não sobreposta entre liderança do topo (reitor, por exemplo) e lideranças intermediárias (diretor de escolas, de departamentos). Também deverá ser dada uma atenção especial à organização dos espaços físicos, à divulgação pública de uma imagem positiva da instituição no sentido de criar verdadeiras atitudes de identificação e co-responsabilidade.

Um certo mimetismos nas inovações liga-se, sem dúvida, ao protagonismo, às modas, às culturas e até à "áurea" dos autores, mas nem por isso se deverá menosprezar. Pois a visibilidade das instituições é hoje também um fator importante.

Apontamentos sobre Dois Estudos Relativos aos Professores do Ensino Superior

A questão da qualidade do ensino superior está na ordem do dia. Nas revistas da especialidade, surgem já estudos sobre as características do bom professor do ensino superior. Sem pretender fazer uma revisão da literatura sobre o assunto, referiremos apenas as conclusões de dois estudos sobre esta matéria: um realizado nos Estados Unidos e publicado em 1995, na revista *Teaching and Teacher Education,* e outro publicado em 1996, na revista *Teaching in Higher Education* e realizado no Canadá. Selecionados alguns professores identificados como bons, estes foram entrevistados sobre o seu pensamento em relação ao ensino e sobre a forma como o praticavam. As conclusões dos dois estudos têm muitos pontos em comum. Deles se deduz que esses bons professores orientam o seu ensino para a compreensão da matéria ao nível profundo da inter-relação de conceitos não se contentando com a reprodução literal de informação transmitida. Tentam que os alunos apercebam-se da relevância das matérias a serrem aprendidas, condição que consideram fundamental para que estes se envolvam, entusiasmem e sejam responsáveis pela sua própria aprendizagem, desenvolvendo o espírito crítico e a capacidade de pensarem autonomamente. Por isso, nas palavras dos professores, emergem dois objetivos como fundamentais, um de caráter imediato e outro de longo prazo. Para além da persuasão dos alunos relativamente à importância do assunto a ser aprendido, é referida uma preocupação de natureza moral que os professores consideram a verdadeira meta a atingir: a preparação dos alunos para uma vida melhor. É interessante verificar a emergência de um objetivo de natureza ética, social, a par de um outro, de natureza técnica. Estamos diante de uma concepção do professor não como técnico, mas como profissional da formação humana e social.

Nesse enquadramento, o bom professor aparece como alguém que valoriza os alunos, a matéria e o processo de ensino; porém, mais importante do que tudo isso, é alguém capaz de estabelecer relações entre estes três vetores. O respeito por si próprios, como professores, pelos seus alunos, pela matéria que ensinam e pelos processos que utilizam quando ensinam aparece ao lado da valorização de qualidades humanas como honestidade, integridade e autenticidade. A autenticidade é considerada a essência da sua atuação. Essa característica proporciona relações interpessoais saudáveis com os alunos na base do respeito e da clarificação dos papéis de cada um. É uma relação de natureza intelectual, mas proporciona também relações intrapessoais que envolvem o próprio professor em um processo de auto-reflexão e de permanente atualização e monitoração.

Os estudos referidos destacam ainda como importantes a capacidade de comunicação pedagógica e de organização e a gestão de ambientes de trabalho, além de mencionar uma preocupação com a preparação e a organização das tarefas sem deixarem de referir a flexibilidade na sua implementação. Não esquecem igualmente a importância da disponibilidade do docente em relação aos alunos. Quanto à avaliação, consideram-na como forma de promover a aprendizagem.

Interrogados sobre os constrangimentos a esse tipo de pedagogia, os docentes apontam os seguintes: a multiplicidade de tarefas que têm de desempenhar e que não lhes deixa tempo nem disposição para o que consideram essencial (ensinar os seus alunos); o excesso de preocupação pela prestação de contas em uma perspectiva de responsabilidade social que transforma os funcionários administrativos em fiscais em detrimento da função de suportes facilitadores de aprendizagens; turmas muito grandes; e o mau exemplo de colegas que não são bons profissionais.

O estudo realizado no Canadá inquiriu também os alunos do primeiro e do terceiro ano para analisar a congruência entre as concepções dos professores e as dos alunos. Os autores do estudo verificaram diferenças nas abordagens de aprendizagem seguidas pelos dois grupos de alunos. Enquanto os alunos do primeiro ano privilegiavam um estudo superficial, à base de acumulação de informação, memorização e repetição fatual, os do terceiro ano adotavam estratégias de abordagem mais profunda, conducentes à compreensão, à interpretação e à responsabilização pela construção do seu próprio saber. Os autores discutem se esses diferentes tipos de estratégias são consistentes ou consonantes com o tipo de tarefas que os alunos são solicitados a realizar. Embora a resposta ainda não tenha sido encontrada, vários autores estabelecem a associação entre testes de tipo objetivo (escolha múltipla, resposta curta) e dois outros fatores: horários pesados e aprendizagem superficial. Ao contrário, exames que privilegiam respostas abertas e interpretativas fomentariam estratégias de aprendizagem de tipo profundo. Nesse aspecto, este estudo apóia essas conclusões, uma vez que a avaliação dos alunos do primeiro ano era feita à base de testes de escolha múltipla, aparentemente em desacordo com os princípios de ensino advogados pelos professores. A propósito disso, os autores concluem dizendo que, em consonância com estudos anteriores, a qualidade da aprendizagem tem relação com a abordagem de ensino, as formas de avaliação e o peso do horário. Referindo Chambers (1992, p. 145), afirmam: "os professores deveriam limitar a matéria a ensinar, especialmente com os alunos do primeiro ano, a fim de lhes conceder mais tempo para pensarem, para compreenderem os conceitos fundamentais, para alargarem os seus quadros de referência e para desenvolverem enquadramentos fomentadores de uma aprendizagem significativa (...) (porque) se os alunos não têm tempo para fazer estas coisas, se são sempre pressionados pelas exigências de um currículo pesado, não lhes damos grandes alternativas a não ser passarem superficialmente pelas coisas".

ESQUEMA DAS PRINCIPAIS IDÉIAS TRABALHADAS NESTE CAPÍTULO

Coexistem hoje, no ensino superior, diferentes paradigmas de formação e investigação:

- Paradigma tradicional.
- Paradigma pós-moderno.
- Paradigma emergente.

Paradigma Tradicional

■ Pressuposto: *pensa poder determinar-se a priori os conhecimentos que o futuro cidadão precisa dominar para ser um profissional autônomo:*

- Epistemologia de transmissão de conhecimentos em uma perspectiva de racionalidade técnica.
- Aluno como ignorante, "contentor a encher".
- Professor como único detentor do saber.
- Relação de superioridade professor-aluno.
- Aprender = adquirir os conhecimentos transmitidos.
- Avaliar = reproduzir o conhecimento aprendido.
- A investigação é fundamentalmente livresca, com vista ao ensino aprofundado.

Paradigma Pós-Moderno

■ Pressuposto: *a complexidade das situações profissionais e sociais é incompatível com a mera racionalidade técnica:*

- A epistemologia do aprendente e do investigador como sujeitos construtores do conhecimento.
- Menos certeza, mais questionamento.
- Menos ensino formalizado, mais aprendizagem.
- Ênfase na capacidade de aprender a aprender em uma perspectiva autonomizante.
- Ligação formação e investigação.
- Reconhecimento do valor das relações interpessoais.

A Sociedade Emergente

- Intensificação do questionamento das verdades científicas.
- Conhecimento produzido na multi e transdisciplinaridade.

REFERÊNCIAS BIBLIOGRÁFICAS

ALARCÃO, I. Construção do conhecimento e ludicidade. Um estudo descritivo do processo de construção do conhecimento no âmbito de um seminário curricular em uma licenciatura em ensino da Universidade de Aveiro. *Cadernos CIDInE*, v.4, p.29-50, 1992.

ANDREWS, J.; GARRISON, D.; MAGNUSSON, K. The teaching and learning transaction in higher education: a study of excellent professors and their students. *Teaching in Higher Education*, v.1, n.1, p.81-103, 1996.

CHAMBERS, E. Workload and the quality of student learning. *Studies in Higher Education*, v.17, p.141-153, 1992.

FERNÁNDEZ-BALBOA, J-M.; STIEHL, J. The generic nature of pedagogical content knowledge among college professors. *Teaching and Teacher Education*, v.11, n.3, p.293-306, 1995.

GIDDENS, A.Q. *The consequences of modernity*. Stanford: University Press, 1990.

GONÇALVES, O. Psicologia clínica: dos alicerces da modernidade às inquirições da pós-modernidade. *Psicologia: teoria, investigação e prática,* v.1, n.1, p.7-15, 1996.

OCDE. The future of post-secondary education and the role of information and communication technology. *Centre for Educational Research and Innovation.* 1994.

TAVARES, J. *Uma sociedade que aprende e se desenvolve. Relações interpessoais*. Porto, Porto Editora, 1996.

TAVARES, J. et al. Levels of sucess of first year students in first degree courses on science and engeneering at the University of Aveiro. In: LAMBERT, J.L.; BANTA, T.W. *Proceedings of the Seventh International Conference on Assessing Quality in Higher Education.* Indianopolis: Indiana University-Purdue University Indianopolis, 1995. p.249-255.

capítulo **6**

A Mudança Anunciada da Escola ou um Paradigma de Escola em Ruptura?

Maria do Céu Roldão

A MUDANÇA COMO RETÓRICA OU COMO OBJETO DE ESTUDO?

Vive-se na atualidade uma obsessiva fixação do discurso educativo na temática da mudança. Por um lado, o discurso do senso comum dos professores organiza e simultaneamente exorciza, em torno desse conceito lato de mudança, uma variedade de angústias, incertezas e perplexidades geradas em um cotidiano profissional que realmente vem mudando. Em torno dessa palavra quase mágica, definem-se por sua vez, de forma simplista e um tanto ingénua, os conflitos organizacionais, sociais e profissionais inerentes à complexidade do processo educativo e curricular vivido nas escolas. Tal complexidade aparece redutoramente concebida em termos de "adesão à mudança" e "resistência à mudança", modo maniqueísta de simplificar o que se não entende e/ou se receia, bem como de idealizar o que se deseja ou se elege como meta inatingível.

Uma variante conceitual da mudança surge associada ao conceito de inovação, este carregado de uma ideologização mais acentuada, na medida em que se pressupõe, ao nível do senso comum, que a mudança para algo que se configure como novo —

apropriação simplificadora de *inovação* — é inevitavelmente sinônimo de mudança para melhor.

Por outro lado, algumas linhas do discurso sobre a mudança assumem uma forte orientação de previsão de um certo padrão de futuro, informada sobretudo pela antecipação da sociedade tecnológica cuja rapidíssima aproximação transforma alguns discursos sobre a mudança em uma quase fuga para o futuro, em busca de uma adequação sempre impossível de antecipar. Em 1990, escrevia Kathleen Thomson em um conjunto de textos produzidos na Simon Fraser University (1990), no quadro do debate universitário sobre uma das macrorreformas curriculares que foram típicas do final dos anos 80 e início dos anos 90 — a da província canadiana de British Columbia, então em discussão pública:

> o empolamento generalizado da tecnologia invadiu as prescrições de certos decisores curriculares e reformadores educacionais. Estes agentes têm adotado não tanto a noção de que a mudança social deve transformar a educação, mas sim a idéia de que a educação tem de se adaptar rapidamente para "responder aos desafios dos novos tempos" e reconverter-se nesse sentido de modo a corresponder ao inevitável surgimento da sociedade de serviços ou de informação. Presumivelmente, esta transformação da educação deveria ser desencadeada a uma velocidade idêntica àquela em que este monolítico Futuro supostamente abata-se sobre nós. (Thomson, 1990, p.3; tradução minha)

Entretanto, ao nível do discurso teórico e investigativo, a análise e a conceitualização da mudança nos planos educativo e curricular, entendida como um campo de estudo específico, vem-se constituindo nas últimas décadas como uma área significativa de produção de conhecimento educacional relativamente à complexa teia de relações que se corporizam na mudança, quer operacionalizada nas reformas, quer embebida nas culturas profissionais e institucionais, quer apropriada pela conflitualidade de perspectivas teóricas em presença, quer ainda como desconstrução das teias de interesses e poderes que atravessam e tecem a problemática da mudança no que diz respeito à escola e ao seu currículo (Hargreaves, 1994, 1998; Fullan, 2000; Sergiovanni, 2000).

Fabular a mudança, transformando-a em um *slogan* inoperante, como a retórica profissional e política vem fazendo, sem a correspondente desmontagem analítica, faz do conceito aquilo que Gaston Bachelard (1976) designa de *obstáculo epistemológico* e constitui, a nosso ver, um real impedimento ao conceber crítico de direções, tendências e cenários estrategicamente pensados e cientificamente analisados para a educação e o currículo, de que a escola é ainda, na sociedade atual e em um futuro próximo previsível, socialmente responsável.

O BINÔMIO ESCOLA-SOCIEDADE ENQUANTO REALIDADE MUTÁVEL

Discutir a mudança em educação implica situar a análise no plano da relação funcional e histórica da escola com a sociedade ou as sociedades em que surge e desenvolve-se. Retomamos aqui a conceitualização da escola como instituição de natureza curricular que explicitamos em outro trabalho:

> A escola constituiu-se historicamente – reportando-nos à escola instituição pública tal como se estabelece depois do século XVIII e ao longo do século XIX e início do XX – como uma instituição social própria, especificamente organizada para assegurar de forma sistemática, relativamente eficaz e económica, um conjunto de aprendizagens que socialmente se tinham como necessárias para um determinado tempo, contexto e setor da população. É pois esse conjunto de aprendizagens necessárias, mutável e socialmente construído – que hoje designamos por *currículo* – que a sociedade remete à escola para que garanta a sua passagem/apropriação.
> Pode-se assim conceitualizar a escola como uma *instituição curricular*, tornando desta forma clara a especificidade da sua função social que se integra — mas não se confunde — em um conjunto mais vasto de finalidades educativas socialmente visadas, para as quais concorrem, mas por vias diversas, instituições tão distintas como as famílias e a escola (Roldão, 2001, p. 69-70; grifos nossos).

Essa caracterização da escola, situando-a na sua gênese e legitimação histórica, é também sublinhada por Barroso (1999) quando acentua o modo como as modalidades organizativas adotadas e, no essencial, mantidas até hoje pela instituição escolar refletem os modos de produção taylorista de épocas anteriores, considerados então adequados à função curricular da escola diante das expectativas sociais que lhe subjazem.

A mudança que essa instituição alegadamente enfrenta hoje não é pois uma entidade reificada, nem específica desta época particular, mas antes uma inerência da sua natureza curricular e organizacional. Instituição socialmente constituída para responder a determinadas finalidades, curriculares e socializadoras, que interesses sociais, políticos e econômicos, em permanente interação e negociação, determinam e condicionam, o seu percurso evolutivo define-se justamente em torno da relação que se estabelece, em cada época, entre a sua ação educativa e curricular e a expectativa da sociedade na qual se integra.

MUDANÇA E PERMANÊNCIA

Podemos assim dizer que, sendo esta a natureza da escola como instituição social, ela é necessariamente uma instituição mutável e permanentemente confrontada — mais do que outras instâncias sociais com gêneses diversas — com uma lógica de mudança, já que o pedido social muda e, em conseqüência, a relação escola-sociedade está permanentemente afetada pelo ônus da mudança. Daí a interessante constatação que o discurso sobre a "crise" e a "inadequação" da escola é tão antigo quanto a própria escola e pode-se ler em textos do século XIX e da Primeira República em termos quase idênticos a muitas críticas atuais (Carvalho, 1996).

Paradoxalmente, porém, se o reconhecimento da necessidade de a escola mudar para acompanhar as "novas" pressões sociais e a constatação crítica por parte da opinião pública de que a mesma escola está aparentemente sempre aquém da expectativa social são uma constante do discurso sobre a escola em todas as épocas, tem sido surpreendentemente estável a permanência de aspectos estruturais da organização e do currículo escolar que raramente têm sido alvo de qualquer crítica. Refiro-me a aspectos estruturais como a turma como unidade organizativa dos alunos e da escola, a seqüência hierárquica da aprendizagem por anos letivos, a organização segmentária e individual da produção do trabalho docente, a estrutura curricular disciplinar (não esquecendo o debate "classe" *versus* "disciplina" do final do século XIX e ainda ecoando no início do século XX).

Assim, parece curioso notar que, em face do discurso recorrente da mudança, respostas políticas e pedagógicas que se têm abundantemente procurado ao longo da segunda metade do século XX direcionaram-se sempre no sentido de modernizar ou alterar os conteúdos curriculares, ou de introduzir medidas reguladoras do trabalho docente, ou de racionalizar e democratizar a gestão da instituição, mas têm persistentemente mantido intocada a estrutura básica organizacional da escola.

Podemos afirmar que se assiste em relação à escola, como em muitos outros campos da vida social, a um processo que a sociologia designa como *naturalização* de uma realidade que, por ter-se estabilizado em um determinado formato organizativo, a que corresponde todo um sistema conexo de diversos subsistemas (formação e colocação de professores, processos de avaliação e certificação, regulação de acesso, etc.), instala-se na representação social e dos diversos atores como a única possível, transformando uma estrutura de construção eminentemente sociocultural e datada em um poderoso referente tido por *natural,* com toda a carga simbólica correspondente à idéia de imutabilidade e estabilidade.

LINHAS DE ANÁLISE DA MUDANÇA DA ESCOLA

Desmontando em um nível mais específico o tipo de mudanças que a escola tem ensaiado, no quadro da estrutura imutável a que acima nos referimos, sublinharíamos algumas vertentes que, de formas diversas, têm sido persistentemente palco de algum tipo de reforma ou inovação:

- *O currículo*: as pressões sociais, políticas e ideológicas, bem como a evolução do conhecimento científico, influenciaram claramente as ênfases curriculares ao longo do século XX: seja pelo confronto de concepções de aprendizagem e métodos de ensino correlativos (treino *versus* descoberta, estruturação disciplinar *versus* temas integradores, conteúdos conceituais *versus* processos de construção do saber), seja pela oposição entre currículos estruturados com base nos saberes científicos ou na relevância dos temas, nas necessidades sociais ou nos interesses dos alunos (Carrilho Ribeiro, 1986), ilustrando as diversas tensões que em teoria curricular convencionou-se designar sob a metáfora de *swinging pendulum* (Tanner e Tanner, 1980).

- *Os métodos didáticos*: outro campo onde se desenvolveu um corpo considerável de inovação, sustentada por, e geradora de, produção de conhecimento específico, diz respeito aos métodos didáticos associados às diferentes áreas curriculares, muito particularmente na seqüência de poderosos movimentos curriculares das décadas de 60 e 70, tais como as metodologias behavioristas de organização do ensino e da avaliação, na esteira de Tyler e Bloom, as metodologias centradas na descoberta e o ensino experimental desenvolvidos na seqüência do New Academic Reform Movement, ou as abordagens estruturalistas, funcionais e comunicativas que foram sucedendo-se no campo do ensino das línguas, ou ainda as metodologias de inspiração construtivista que, no plano teórico e da formação, têm marcado mais recentemente as metodologias de ensino de quase todas as áreas curriculares.

- *A estabilização do acesso de toda a população à escola*: constitui, sem dúvida, um dos campos de mudança mais visíveis na evolução da escola da segunda metade do século XX, trazendo para o interior da escola, pela conjugação do reconhecimento político da educação como direito de todos traduzido em medidas políticas que o concretizaram e pela pressão econômica e social para o aumento dos níveis de educação das populações e de qualificação da mão-de-obra, a quase totalidade das crianças e jovens da maioria das sociedades ocidentais, embora a ritmos de desenvolvimento diverso nos vários sistemas educativos.

- *O locus do poder sobre a escola*: também aqui as alterações são muito visíveis, sendo exemplo tanto a tendência para novos mecanismos de articulação de poder central e autonomia das escolas (currículos nacionais reguladores introduzidos em países de tradição descentralizadora, como o

Reino Unido ou a Noruega, a par do reforço da autonomia das escolas em países de tradição centralista como Espanha, França ou Portugal) quanto o crescente desenvolvimento de mecanismos de parceria da escola com outros agentes sociais (Hopkins, 2000; Skilbeck, 1994).

A IMUTABILIDADE DA ESCOLA: A PERSISTÊNCIA DE UM PARADIGMA?

Todas as mudanças brevemente sintetizadas acima confrontam-se com uma estrutura organizacional e de funcionamento institucional que em nenhum daqueles campos foi, até ao presente momento, posta em causa. Ou seja, todas as inovações metodológicas e didáticas referidas decorreram na mesma organização da turma, dos tempos e dos espaços da escola; todas as oscilações pendulares do currículo decorreram "intramuros" de uma mesma estrutura curricular concebida de forma idêntica na orgânica da escola, ainda que melhorada com suportes tecnológicos e recursos audiovisuais e bibliográficos; o acesso massificado da população jovem à escola, de proveniências e culturas cada vez mais diversificadas nas complexas sociedades atuais, não produziu qualquer alteração substancial no modo de organização da escola; nem a autonomia acrescida das escolas e a sua abertura à colaboração de parceiros da comunidade tem trazido até hoje alguma inovação significativa nos esquemas de organização do trabalho escolar, ressalvando-se naturalmente algumas situações pontuais que se mantiveram como exceções sem terem produzido impacto na matriz organizativa dominante dos sistemas educativos.

Essa persistência de um modelo organizativo que rege e enquadra todo o funcionamento da escola e que se reconduz a uma concepção de escola tributária de normas de funcionamento socialmente instituídas, aceitas e naturalizadas em uma comunidade científica e profissional, leva-nos a propor como instrumento referencial da análise que iremos desenvolver, e salvaguardada a necessária adequação ao contexto em causa, a aproximação à teorização de Thomas Kuhn (1972), centrada no conceito de paradigma. Utiliza-se esse esquema como referente de análise, sem ignorar as suas limitações e todo o debate subseqüente no campo epistemológico centrado na conceitualização da própria noção de paradigma. Tomamos ainda como referência a posterior elaboração conceitual que neste domínio foi desenvolvida por Boaventura de Sousa Santos (1987), referências que fornecem o enquadramento da análise apresentada.

A caracterização da imutabilidade da estrutura organizativa e funcional da escola e a naturalização dessa estrutura como quadro regulador no qual se inscrevem todas as práticas educativas remete-nos, assim, para uma aproximação à caracterização de Kuhn do conceito de paradigma, o qual brevemente relembramos.

Um paradigma constitui-se como sistema estruturado de regras, pressupostos, métodos e princípios aceitos que enquadram a prática de uma comunidade científica, cujos profissionais — os cientistas, na análise de Kuhn — reproduzem, na sua atividade, esses formatos de produção, não criando novas soluções, mas trabalhando em uma lógica de resolução de *puzzles*, em que as peças são diferentes, porém a resolução obedece a regras preestabelecidas idênticas. Os períodos de vigência incontestada de um paradigma são, na terminologia kuhniana, períodos de *ciência normal*. Um paradigma (científico) entra em *crise* quando surgem anomalias que não podem ser resolvidas no âmbito desse paradigma. Desencadeia-se ao longo da crise uma procura de novas formas de produzir conhecimento, seja por tentativa de assimilação e ajuste do paradigma mediante algumas alterações menores que não afetem a estrutura global, seja por ruptura do paradigma e reconstrução de um novo sistema de regras, pressupostos, métodos, ou seja, um novo paradigma. O período de crise caracteriza-se como de *ciência extraordinária* e corresponde a uma grande produtividade de inovação, novo conhecimento e conflitualidade. Caso se verifique a ruptura e não a assimilação das anomalias, ocorre então o que Kuhn designa de *revolução* científica, concretizada na emergência de um novo paradigma.

Não pretendemos abordar o amplo debate e a larga influência que essa teorização, aliás controversa, trouxe ao campo da discussão epistemológica, mas procurar algumas elementos produtivos que podem oferecer para a análise da mudança em educação, no que diz respeito à escola e ao currículo, mediante um raciocínio analógico.

A percepção da vivência de um período claramente de crise no campo epistemológico, associado a um discurso de pós-modernidade com vários campos e níveis de teorização, é esclarecida de forma exemplar por Sousa Santos (1987), remetendo, na sua análise, o tempo que vivemos nas décadas finais do século XX para a situação de crise entre um paradigma científico positivista herdado da modernidade, ainda dominante, e a emergência de um outro paradigma de contornos ainda não claramente definidos, mas já bem visíveis, o qual esse autor designa de "paradigma emergente".

A INEFICÁCIA CRESCENTE DA ESCOLA OU UM PARADIGMA EM CRISE?

Onde se situa a analogia possível e desejavelmente útil desses referentes de análise com relação à mudança da escola? Trata-se, nessa perspectiva de análise, de equacionar a tão falada mudança em termos de confronto de um paradigma estruturador da conceitualização e organização da escola enquanto instituição em face de evidentes *anomalias* que vêm enfrentando persistentemente esse paradigma dominante. Emergem como *anomalias*, isto é, problemas que a escola estruturada segundo o paradigma vigente enfrenta e, persistentemente, não tem conseguido resolver, o *insucesso* e a *indisciplina* para usarmos a terminologia do senso comum profissional.

Ambos fenômenos constituem-se em fortes dissonâncias no sistema, assumindo-se como organizadores de diversas dimensões problemáticas mais complexas que, em última instância, exprimem o desajuste da escola diante das realidades novas que lhe foram impostas como resultado da massificação da escolaridade e da sua progressiva extensão temporal, processo que se desenvolveu, a ritmos diversos, a partir da década de 60. A investigação não dá conta de visibilidade significativa ou perturbadora desses fenômenos no período anterior a essa transformação, período que poderíamos aproximar do de ciência normal de Kuhn, caracterizando-o como de funcionamento normal do paradigma vigente de escola.

As respostas encontradas para esses dois fenômenos, que no quadro de referência que adotamos, designamos de *anomalias*, na medida em que não parecem resolúveis no paradigma de escola vigente, têm sido de vários tipos:

1. Por um lado, introduziram-se e introduzem-se diversas estratégias de remediação, como a criação de mecanismos de apoio a alegadas dificuldades de aprendizagem, a adoção de currículos diferenciados orientados para objetivos menos ambiciosos ou apenas diferentes, a oferta de atividades extracurriculares e de inserção escolar, o apoio psicológico e social a alunos e famílias designadas como desfavorecidas, a intervenção prioritária em zonas problemáticas, entre tantos outros.
2. Por outro, reclamam-se — e têm-se implementado em várias situações — em algumas sedes sociais e políticas medidas de repressão que defendam a sociedade, os professores e os alunos da violência e da indisciplina, medidas que podem passar pelo policiamento, por exemplo.
3. Por outro lado ainda, ao nível da cultura e do discurso profissional, reifica-se o insucesso como fenômeno e como problema, cuja natureza não se analisa, aparentemente epidémico e gerado no exterior e alheio à escola e aos professores que seriam vítimas dele (Charlot, 1997).

Todas essas modalidades de resposta às situações de insucesso e indisciplina traduzem uma tentativa de incorporar a anomalia no quadro do paradigma vigente da escola, sem lhe alterar nem as regras nem os pressupostos nem os modos de atuação e organização. Traduzem o desejo implícito de solucioná-las no quadro de referência da escola que sempre conhecemos e, por isso mesmo, naturalizamos. Tendem a querer solucionar um problema novo à luz da mesma metodologia de *resolução de puzzles*, na terminologia de Kuhn, que era eficaz anteriormente.

Poderia ser que resultasse. E que o paradigma fosse capaz de ajustar-se e incorporar com sucesso essas dificuldades, solucionando-as sem alterar nada de estrutural. Porém, não parece ser assim. Passemos a analisar em cada um dos três campos antes enunciados as respostas às *anomalias* identificadas:

- No que se refere ao primeiro aspecto referido (estratégias de remediação do insucesso e da indisciplina), a desproporção entre o investimento e os resultados é imensa. As medidas de apoio e intervenção prioritária saldam-se predominantemente em uma melhoria da integração social de alunos tidos como problemáticos na escola, mas com limitados efeitos na sua aprendizagem (Andriès, 1999), traduzindo-se, a médio prazo, na manutenção dos riscos de exclusão que a iliteracia cultural e social gera cada vez mais. Por outro lado, as medidas de apoio educativo para os alunos com *necessidades educativas especiais*, designação e conceito que representou um notável avanço na teorização da inclusão (Declaração de Salamanca, 1994), vêm-se caracterizando, particularmente no sistema português, em uma forma de exclusão implícita produzida no interior da própria escola (Canário, 1992), que acentua de modo preocupante o reforço na cultura e nas práticas da escola e dos professores da concepção do grupo turma como desejavelmente homogêneo por referência a uma norma de aluno inexistente. Essa prática tem sido encorajadora da reprodução acrítica e uniforme das práticas docentes para os alunos que não são abrangidos pelos apoios educativos, como pode verificar-se em um conjunto de monografias de investigação que coordenei, produzidas recentemente no âmbito de um Curso de Especialização de professores sobre a temática da diferenciação curricular e populações de risco (ESES, 2001). As práticas de apoio educativo dirigida a alunos considerados portadores de necessidades educativas especiais, que em muitos casos rondam 40 a 50% das turmas de 1º ciclo, segundo as investigações referidas, correspondem cada vez mais a todo e qualquer aluno que se afaste minimamente do ensino normalizado, não diferenciado e rotineiro, reforçando a prática de ensinar "a todos como se fossem um" (Barroso, 1999).
- Relativamente ao segundo aspecto (reforço de medidas reguladoras da indisciplina e sancionadoras da violência), se é certo que não pode nem deve invocar-se como estratégia da escola a permissividade e a desresponsabi-

lização, também se tem verificado que a adoção de procedimentos de regulação e sanção, por si só, não ataca o problema nas suas causas, tornando insustentável a tensão sem contribuir para resolvê-la. Medidas e regras internas de funcionamento da escola, com a correspondente responsabilização e sanções, são eficazes se integradas em um conjunto de ações que interfira estrategicamente nas razões que levam à situação. A pura instauração de repressão e controle gera novas formas de agressividade e subversão das próprias medidas instituídas.

- Quanto ao terceiro aspecto descrito (a reificação do insucesso, atribuindo-lhe uma natureza própria e extrínseca à escola) constitui em um processo típico de inexistência ou desfocagem de análise, mesmo no plano de alguma investigação, como sublinha Charlot (1997, p. 14-15):

Em sentido estrito, o insucesso escolar não existe (...), trata-se apenas de um termo genérico, uma forma cômoda de designar um conjunto de fenômenos que parecem ter entre si alguma afinidade. (...). O problema está em que pouco a pouco se reificou este termo genérico, como se existisse uma coisa chamada "insucesso escolar". (...). Escutando os discursos correntes, tem-se freqüentemente a sensação de que se é "vítima" do insucesso escolar tal como noutras épocas se era atingido pela peste. (...). O "insucesso escolar" não existe, existem sim alunos em insucesso, situações de insucesso, histórias de alunos que terminam mal. São estes alunos, estas situações, estas histórias que há que analisar, e não um objeto misterioso ou um vírus resistente que se chamaria "insucesso escolar". (Charlot, 1997, p.14-15; destaques no original; tradução minha)

A perspectiva crítica de Bernard Charlot remete-nos novamente para a questão do paradigma, que funciona defensivamente diante da anomalia, neste caso, o alegado insucesso, circunscrevendo-o e localizando-o como objeto gerado fora da lógica interna do sistema. Na verdade, o insucesso e o sucesso (escolar ou outro) não são nunca realidades objetiváveis, mas relações entre aspirações ou objetivos, por um lado, e resultados obtidos por outro, relações essas que se desenvolvem como negativas ou positivas. Daí que a persistente relação negativa entre objetivos visados na educação escolar e resultados obtidos remeta-nos para a análise mais fina do porquê e do como dessa negatividade persistente, questionando necessariamente a adequação do modo de trabalho escolar. Trata-se de analisar, em particular, a relação com o saber e a aprendizagem que a ação docente da escola consegue ou não gerar diante desses alunos ditos em insucesso e à análise dos seus processos cognitivos individuais no quadro do condicionamento dos contextos e pertenças socioculturais que são indissociáveis dos modos de aprender de todo e qualquer sujeito, incluindo os "bem-sucedidos".

A CRISE DO PARADIGMA ESCOLAR: ONDE SITUÁ-LA? QUE PARADIGMA EMERGENTE?

Onde situar, então, as zonas críticas do sistema que manifestamente inviabilizam a incorporação das dissonâncias no paradigma de funcionamento vigente na escola?

Existem, a nosso ver, áreas preferenciais a serem analisadas no que se refere à inadequação do "paradigma dominante" na escola, as quais organizaríamos em dois grandes grupos: um primeiro relativo à organização da escola e outro relativo aos modos do trabalho docente.

A Organização da Escola

A organização estrutural da instituição escolar — que socialmente continua a configurar-se como instituição curricular, isto é, responsável pela garantia da apropriação de um conjunto de aprendizagens e sua organização (Roldão, 2000) — permanece concebida em torno dos seguintes princípios: *homogeneidade, segmentação, seqüencialidade e conformidade.*

Essa estrutura corporiza-se essencialmente na organização da unidade base da escola que é a *turma*. A turma é construída para agregar um máximo de alunos de características tão semelhantes quanto possível, que funciona sempre, no plano curricular, separadamente das restantes, que é exposta em comum a um conjunto uniforme de ações docentes e que ocupa um lugar em uma seqüência organizacional referenciada ao nível etário e à progressão do currículo enunciado. Toda a organização escolar — dos tempos escolares, dos horários letivos, dos espaços e dos recursos de aprendizagem — gira em torno da unidade turma (Barroso, 1999).

Essa estrutura adequava-se bem ao público relativamente homogêneo de épocas anteriores à massificação e à tolerabilidade social da época diante de um número julgado aceitável de "malsucedidos", em uma lógica predominantemente seletiva que caracterizou a escola durante uma boa parte da sua existência. No entanto, funciona mal para responder a uma realidade nova, em que os públicos são muitíssimo heterogêneos, os interesses múltiplos, a relação com o saber escolar muito diferenciada, o conhecimento uma exigência de pertença social e em que as sociedades não comportam a inclusão em tarefas socialmente menos qualificadas de indivíduos com aprendizagens muito deficitárias, como em outro tempo acontecia.

Por outro lado, a oferta e a circulação da informação hoje disponível veio retirar da escola o monopólio da difusão do saber, veio também acrescer a pressão social sobre a mesma escola para que se ensine como aceder a e usar adequadamente a informação, de modo a transformá-la em conhecimento utilizável — fator primeiro de inclusão na sociedade em que já estamos vivendo (OECD, 1994, 1996; Comissão Européia, 1995).

Assim, parece evidente que se deve analisar a organização do paradigma da instituição escolar em termos de poder conceber-se de outro modo. Jamais a turma e o sistema organizativo que lhe corresponde e que hoje conhecemos como "natural" pode comportar adequadamente a promoção efetiva das aprendizagens curriculares necessárias a todos. O agrupamento de alunos para o ofício de aprender terá de, a médio prazo, organizar-se de outros modos que dificilmente poderão ser uniformes, já que terão de corresponder a situações contextuais específicas. Este nos parece um dos campos de ruptura mais evidentes em uma ótica de paradigma emergente. O trabalho da escola centrado em grupos mais heterogêneos e reduzidos, ligados por interesses no trabalho da aprendizagem que estão realizando, com trabalho dos professores organizado em apoio direto, com trabalho individual e trabalho colaborativo entre si e com mecanismos de rotação face a grupos que sejam mais efetivos que a turma na aprendizagem, prevendo uma multiplicidade de situações de agrupamento e de modalidades de ensino, parecem ser vias, entre outras, a explorar na análise de cenários organizativos mais adequados às finalidades da escola. Trata-se de substituir os princípios da *homogeneidade, segmentação, seqüencialidade e conformidade* que caracterizam o paradigma escolar vigente, por um outro conjunto de princípios norteadores de um paradigma emergente de contornos ainda a definir: *diversificação, finalização, reflexividade* e *eficácia*.

A escola, em sua organização e gestão, funciona também em uma lógica predominantemente segmentar, com escassa capacidade de diferenciação da ação dos grupos e órgãos que a constituem, em um registo de desempenho normativo seqüencial mais do que estratégico e orientado para finalidades próprias e opções resultantes da análise das situações. Esse modo de funcionar inviabiliza a construção de outro tipo de dispositivos que possam gerar melhores e mais consistentes aprendizagens. Diferentemente de outras instituições sociais, as escolas tendem a ser surpreendentemente idênticas em situações totalmente diversas, no que se refere a esse esquema organizativo em que se naturalizaram na representação social. Passa provavelmente por aí a emergência de um novo paradigma, marcado pela diversidade de soluções organizativas que envolvam toda a fisionomia da organização.

Os Professores

Outro ponto crítico da ruptura do paradigma escolar vigente diz respeito à organização e à concepção do trabalho docente e à correspondente conceitualização da sua profissionalidade (Giméno Sacristán, 1994; Hargreaves, 1994; Hopkins, 2000; Roldão, 1998, 1999, 2000).

Os professores desempenham a sua ação profissional no quadro institucional e organizativo da escola antes analisado em alguns dos pontos que assumimos como críticos. A sua história, formação, identidade e cultura como grupo profissional (Hargreaves, 1998; Fernandes, 2000) estão marcadas pelas circunstâncias e pelos contextos históricos em que a profissão foi constituindo-se (Nóvoa, 1991; Carvalho, 1996) e passará pela apropriação de uma profissionalidade mais consolidada no desenvolvimento de um percurso de ruptura de que, também nesse domínio, podem identificar-se sinais.

Socializados na escola, os professores refletem e reconstroem, inevitavelmente, os mesmos princípios paradigmáticos da instituição na sua prática docente:

- a *homogeneidade* tendencial e predominante das práticas docentes, associada a uma função que foi marcada por uma forte associação à dimensão transmissiva e uniforme de um determinado saber científico mais do que à dimensão profissional de especialistas de ensino, portadores de um saber próprio que integra os diversos conhecimentos científicos e mobiliza-os de forma particular em cada ato concreto de ensinar;
- a *conformidade* à norma, ao currículo concebido por outros, aos manuais que a indústria coloca no terreno e substituem a concepção do professor (Apple, 1994) são características próprias de uma situação que, em muitos sistemas, aproxima o professor do funcionário mais do que de outros profissionais;
- a *segmentação* e o individualismo do trabalho docente, correspondente à segmentação horária e disciplinar que a estrutura organizativa da escola encoraja e em que se sustenta;
- a *seqüencialidade* orientada não para uma lógica de apropriação progressiva de aprendizagens dos alunos, mas para o cumprimento seqüencial de normativos programáticos e para a seqüência de tempos e temáticas em lugar de construção de estruturas e referentes, também seqüenciais, porém como organizadores progressivos da construção de novo conhecimento.

O fenômeno do insucesso raramente é visto enquanto relação, do ponto de vista interno da adequação ou inadequação do modo de ensinar aos modos de aprender dos alunos. Tal esforço requer a reapreciação das práticas — Como se ensina? Que faz o professor para ensinar — Fazer aprender — Aqueles alunos? Como organiza o ensino e não apenas os conteúdos de um programa? Que sabe ou que estuda sobre a construção e apropriação do conhecimento? Que decisões toma, com quem e com que análise prévia de cada situação?

A reflexividade constitui-se, assim, como um caracterizador central do paradigma emergente no que se refere ao professor, a par de uma especificidade de produção de um saber próprio da profissão e por oposição à idéia socialmente aceita do saber do professor como reduzido ao domínio de conteúdos e técnicas de ensino, em larga medida partilhada pela própria representação de muitos profissionais.

A investigação sobre essa vertente tem vindo a afirmar um campo muito relevante, iniciado com os estudos de Donald Schön (1983, 1987) e prosseguido por numerosos investigadores (Alarcão, 1998; Alarcão e Sá-Chaves, 1994; Zeichner, 1993), configurando-se justamente como uma área promissora de abertura à reconceitualização do professor como profissional reflexivo. Já em 1984, Lawrence Stenhouse afirmava, em uma linha teórica convergente relativamente à perspectiva reflexiva: Em síntese, as características mais evidentes do profissional "pleno" são: a capacidade para o desenvolvimento profissional autônomo mediante uma auto-análise sistemática, o estudo do trabalho de outros professores e a comprovação de idéias mediante procedimentos de investigação na aula (Stenhouse, 1991, p. 197, 1. ed. 1984; tradução minha).

A ruptura do paradigma que vem sendo discutido neste capítulo tem na relação dos professores com a sua profissão e com o currículo um eixo central, que todavia não pode conceitualizar-se senão em articulação com o eixo do modelo organizativo da escola.

Sublinham-se, todavia, aspectos que se antevêem como linhas de emergência de um outro paradigma de desempenho profissional dos docentes:

- a assunção de um papel ativo na construção e na gestão do currículo com que trabalham ao nível da escola;
- a conceitualização da sua ação docente no quadro do pensar global e agir local (Sousa Santos, 1987), quer da instituição quer do currículo;
- a especialização na análise dos diferentes modos de aprender e das formas de ensinar que lhes são mais adequadas;
- a ação profissional reconduzida a uma prática partilhada pela comunidade de pares que produz saber próprio.

Configura-se, assim, na perspectiva de análise que adotamos, um processo de transformação que julgamos poder aproximar, pelas características analisadas, de uma ruptura de fundo nos pressupostos, nos princípios e nas práticas da escola enquanto organização curricular, próxima do que, à luz do modelo kuhniano, seria designada como a emergência de um novo paradigma de escola, com a correlativa reconceitualização do papel dos docentes como profissionais que nela desenvolvem o seu desempenho.

Tal análise não pretende induzir a antecipação de um qualquer modelo, nem se antevê que seja esse o sentido da proclamada mudança. Parece sim mais conforme com as rupturas identificadas e com as tendências já visíveis no terreno quanto à relação triangular escola-sociedade-professores, que aquilo que designamos como paradigma emergente configure-se em uma multiplicidade de modalidades organizativas da escola e da prática profissional dos professores. Essas modalidades, que seria infrutífero e abusivo antecipar, terão como eixo de mudança vir a constituir-se em respostas mais adequadas e eficazes diante da crescente complexidade das situações e das necessidades educativas dos indivíduos e das sociedades.

REFERÊNCIAS BIBLIOGRÁFICAS

ALARCÃO, I. Revisitando a competência dos professores na sociedade de hoje. *Aprender, Revista da ESE de Portalegre*, n.21, p.46-50, nov. 1998.
ALARCÃO, I.; SÁ-CHAVES. Supervisão de professores e desenvolvimento humano: uma perspectiva ecológica. In: TAVARES, J. *Para intervir em educação. Contributos dos colóquios CIDInE*. Edições CIDInE, 1994. p.201-232.
ANDRIÈS, B. As ZEP-Zonas de educação prioritária em França desde 1982. In: *Forum Escola, Diversidade e Currículo*. Lisboa: Ministério da Educação-DEB, 1994. p.165-171.
APPLE, M. *Os professores e o currículo: abordagens sociológicas*. Lisboa: Educa, 1997.
BACHELARD, G. *Le Nouvel esprit scientifique*. Paris: PUF, 1976.
BARROSO, J. Da cultura da homogeneidade à cultura da diversidade: construção da autonomia e gestão do currículo. In: *Forum escola, diversidade e currículo*, Lisboa: Ministério da Educação-DEB, 1999. p.79-92.
CANÁRIO, R. (Org.). *Inovação e projeto educativo de escola*. Lisboa: Educa, 1992.
CARRILHO RIBEIRO, A. *Desenvolvimento curricular*. Lisboa: Texto Editora, 1990.

CARVALHO, R. *História do ensino em Portugal – desde a fundação da nacionalidade até o fim do regime Salazar-Caetano.* 2.ed. Lisboa: Fundação Gulbenkian, 1996.
CHARLOT, B. *Du rapport au savoir – élements pour une théorie.* Paris: Ed. Economica, 1997.
COMISSÃO EUROPEIA. *"Livro Branco" sobre a educação e a formação ao longo da vida.* European Association for Educational Design (EED), 1995.
FERNANDES, M. *Mudança e inovação na pós-modernidade – perspectivas curriculares.* Porto: Porto Editora, 2000.
ESES. *Sínteses de Investigação,* 2001. (No prelo.)
GIMENO SACRISTÁN, J. 4.ed. *El Curriculum: una reflexión sobre la práctica.* Madrid: Morata, 1994. (Traduzido pela Artmed com o título O currículo: uma reflexão sobre a prática. 2000.)
HARGREAVES. A. The new professionalism: the synthesis of professional and institutional development. *Teaching and Teacher Education,* v.10, n.4, p.423-438, 1994.
──────. *Os professores em tempos de mudança — o trabalho e a cultura dos professores na idade pós-moderna.* Lisboa: McGraw Hill, 1998.
HOPKINS, D. Powerful learning, powerful teaching and powerful schools. *Journal of Educational Change,* v.1, p.135-154, 2000.
KUHN, T. *The structure of the scientific revolutions.* Chicago: University of Chicago Press, 1972.
NÓVOA, A. (org.). *Profissão professor.* Porto: Porto Editora, 1991.
OECD. *The curriculum redefined: schooling for the 21st Century.* Paris: OECD Documents, 1994.
──────. *A new era curriculum: edges and outlooks.* Paris: OECD Documents, 1996.
OECD/CERI. *Innovating schools* (Schooling for Tomorrow Projet). Paris: OECD Documents, 1999.
PERRENOUD, P. *Novas competências para ensinar.* Porto Alegre: Artmed, 2000.
ROLDÃO, M.C. Que é ser professor hoje? — a profissionalidade docente revisitada. *Revista da ESES,* v.1, p.79-88, 1998. (Nova série.)
──────. *Os professores e a gestão do currículo — perspectivas e práticas em análise.* Coleção CIDInE. Porto: Porto Editora, 1999.
──────. Educação escolar e currículo. In: *Currículo: gestão diferenciada e aprendizagens de qualidade.* Lisboa: AEEP, 2000. p.7-22.
──────. *Formar professores — os desafios da profissionalidade e o currículo.* Universidade de Aveiro, CIFOP, 2000a.
──────. A escola como instância de decisão curricular. In: ALARCÃO, I. (org.). *Escola reflexiva e supervisão. Uma escola em desenvolvimento e aprendizagem.* Porto: Porto Editora, 2001, p. 67-77.
SCHÖN, D. *The reflective practitioner: how professionals think in action.* London: Temple Smith, 1983. (Traduzido pela Artmed com o título Educando o profissional reflexivo. 2000.)
──────. *Educating the reflective practitioner.* New York: Jossey-Bass, 1987.

SERGIOVANNI, T. Changing change: Toward a design science and art. *Journal of Educational Change*, v.1, p.57-75, 2000.
SKILBECK, M. The core curriculum. In: OECD. *The curriculum redefined: schooling for the 21st century*. Paris: OECD Documents, 1994. p.95-100.
SOUSA SANTOS, B. *Um discurso sobre as ciências*. Porto: Edições Afrontamento, 1987.
STENHOUSE, L. *Investigación y desarrollo del curriculum*. Madrid: Morata, 1991. (1.ed. 1984.)
TANNER, L.; TANNER, L. *Curriculum development — theory into practice*. New York/London: Macmillan, 1980.
THOMSON, K.Mc. Education in the new age: the future and the year 2000. In: CASE, R. (Ed.). *Educational perspectives — a critical analysis of British Columbia's Proposals for Education Reform*. Vancouver, CA: Simon Fraser University, 1990. p.3-25.
ZEICHNER, K.M. *A formação reflexiva de professores: idéias e práticas*. Lisboa: Educa, 1993.

capítulo 7

Novas Tendências nos Paradigmas de Investigação em Educação

Isabel Alarcão

Interrogo-me freqüentemente sobre as razões que levam os investigadores a realizarem uma investigação. E para esta questão tenho encontrado uma série de respostas hipotéticas que passo a sintetizar.

Para criar uma teoria e ser conhecido, confessarão uns a si próprios. Para publicar e progredir na carreira universitária, responderão outros. Para obter um grau, afirmarão os mais modestos, ao passo que outros ainda, mais ciosos das suas potencialidades, procurarão na investigação o reconhecimento dos seus pares. Os de pendor mais pragmático reconhecerão em sua atividade investigativa a finalidade de criar conhecimento que possa melhorar a vida em sociedade e ajudar o trabalho dos profissionais. Para conhecer melhor a realidade será talvez a resposta mais consensual.

Todos nós fomos criados em uma cultura que atribui à atividade científica os seguintes fins: compreender, explicar e prever, arquitetando teorias e operacionalizando modelos. O desenvolvimento científico da engenharia e da tecnologia habituou-nos a considerar normal que a criação de novas aplicações do conhecimento passassem a ser reconhecidas como atividade científica. E, como resultado da assumida integração das artes nas universidades portuguesas, discute-se hoje a natureza científica da investigação no campo artístico.

Se, na lógica do que acabo de referir, proceder à análise da lista de razões apresentadas, concluirei que, pelo menos teoricamente e à luz dos princípios, os investigadores investigam para conhecer melhor a realidade e criar conhecimento, o qual possa melhorar a vida em sociedade, incluindo o trabalho dos profissionais, através da compreensão, da explicação, da previsão ou da aplicação criativa. Essa dimensão interventiva, social, tem-se acentuado, constatação que está na base da afirmação de Sousa Santos de que estamos diante de um "paradigma de um conhecimento prudente para uma vida decente" (1991, p. 37), ou seja, um paradigma científico que também é um paradigma social.

Então, tenho de admitir que motivos como ser conhecido, progredir na carreira, obter um grau ou o reconhecimento dos pares devem ser instrumentais em relação à verdadeira essência de ser investigador e que eu resumiria em desejo de conhecer e, se possível, intervir. É esse, aliás, também um dos desejos do ser humano normal: conhecer a realidade que, na idade adulta, une-se muitas vezes ao desejo de intervir procurando alterar, melhorando o estado das coisas, em uma transformação do saber científico em saber prático. Como normal também é o desejo de divulgar o conhecimento que se criou.

O modo como se investiga a realidade, a relação assumida pelo investigador diante da realidade que se quer conhecer e a posição entre realidade e representação da mesma têm estado na base de posições investigativas diferenciadas. Menos estudado tem sido o modo como se intervém na realidade e como se difunde o saber.

PARADIGMAS DE INVESTIGAÇÃO, INTERVENÇÃO E DIFUSÃO

Tomarei como ponto de referência para a argumentação a que me proponho a categorização dos paradigmas de investigação, apresentada por Guba e Lincoln em 1994. Adotarei como orientação a sua definição de paradigma "como um conjunto de convicções fundamentais (ou metafísicas) que se referem a princípios essenciais ou supremos. Representa uma visão do mundo que define, para aquele que a detém, a natureza do 'mundo', o lugar que o indivíduo nele ocupa, e o âmbito das relações possíveis com esse mundo e as suas partes, como acontece, por exemplo, com as suas cosmologias e teologias" (1994, p. 107, tradução minha). No capítulo que integra a obra *Handbook of Qualitative Research*, organizado por Denzin e Lincoln (1994), intitulado "Competing Paradigms in Qualitative Research", esses dois bem conhecidos autores identificam quatro grandes paradigmas na base de três questões centrais:

- a questão *ontológica*, ou seja, a perspectiva de cada paradigma sobre a essência e a natureza da realidade, que responderá à questão "O que é a realidade?" do ponto de vista do ser e do agir;
- a questão *epistemológica*, que reflete a natureza das relações entre o investigador e o objeto investigado ou a relação fundacional sujeito-objeto;
- a questão *metodológica*, que se prende à forma como a investigação é feita, isto é, ao processo de coleta, tratamento de dados e discussão dos resultados.

Essas três questões não respondem a duas outras interrogações que insistentemente me coloco e que merecem ser consideradas. Levantarei então essas duas outras questões, que designei por:

- a questão *teleológica*, ou seja, a relação do investigador com o destino a dar ao conhecimento gerado ou as respostas às perguntas "a quê e a quem se destina?";
- a questão *dialógica*, ou seja, as formas de comunicação do conhecimento na relação do investigador com os outros (indivíduos e sociedade), que implica a resposta à pergunta "como divulgar e difundir?".

A primeira questão situa-se na linha do que Sousa Santos designa por segunda ruptura epistemológica que se prende à interrogação sobre "para que queremos a ciência?" (1993, p. 52). A segunda encontra ecos no natural desejo individual de divulgar o saber descoberto e na atual preocupação social pela divulgação do conhecimento científico.

Com base nas três questões antes enunciadas, Guba e Lincoln identificam quatro paradigmas: positivismo, pós-positivismo, teoria crítica e construtivismo cuja caracterização apresenta-se na Tabela 7.1.

A atitude positivista, com a sua crença na possibilidade do conhecimento objetivo, privilegia a manipulação de variáveis e a experimentação. Mais céticos em relação à congruência entre realidade e representação da mesma, os pós-positivistas tentam várias aproximações e preocupam-se com a demonstração da falsificação das hipóteses.

Tabela 7.1 As Questões Ontológica, Epistemológica e Metodológica na Investigação

Paradigmas Questões	Positivismo	Pós-Positivismo	Teoria Crítica	Construtivismo
Ontológica	• realismo ingênuo (a realidade "real" é apreen-)sível	• realismo crítico (a realidade "real" só imperfeita e probalisticamente é apreensível)	• realismo histórico ("realidade virtual" conformada por valores sociais, políticos, culturais, econômicos, étnicos e de gênero e cristalizada pelo tempo)	• relativismo (as realidades são local e especificamente construídas)
Epistemológica	• dualismo e objetivismo (a verdade dos resultados)	• dualismo e objetivismo modificado (real) • guardiães da verdade (tradição e comunidade) • os resultados serão provavelmente confirmados (sujeitos à falsificação)	• transacional e subjetivista • resultados mediados pelos valores dos atores sociais, incluindo o investigador	• transacional e subjetivista • resultados são "criados" no decurso da investigação
Metodológica	• experimental manipulativa • verificação de hipóteses • primazia de métodos quantitativos	• experimental manipulativa, modificada • multiplismo crítico • falsificação de hipóteses • presença de métodos qualitativos	• dialógica/dialética	• hermenêutica/dialética

Adaptado de Guba e Lincoln, 1994.

Em uma atitude mais humanista, histórica e politicamente situada, os defensores da teoria crítica aceitam a natureza contextual da realidade conhecida e a subjetividade do seu conhecimento, assumindo que as leis das ciências sociais são históricas e contextualizadas. Situando-se na mesma linha de relativismo diante da possibilidade de conhecer a realidade objetiva, os construtivistas acentuam o papel do investigador e do processo de investigação na compreensão da realidade.

Irei manter esses quatro paradigmas e cruzá-los com as minhas questões teleológica e dialógica a que acima aludi (Tabela 7.2).

Tabela 7.2 As Questões Teleológica e Dialógica

Paradigmas Questões	Positivismo	Pós-Positivismo	Teoria Crítica	Construtivismo
Teleológica	• dualismo e absolutismo (disponibilização da verdade para réplica e aplicação)	• relativismo • informação de mensagens para "ressonância" (disponibilização de múltiplos pontos de vista sustentados)	• libertação crítica das vozes individuais e coletivas • compreensão das relações de poder • criação de *insight* e espírito crítico	• desenvolvimento construído em mútua colaboração
Dialógica (inv./prof.)	• apresentação distanciada e impessoal de fatos • análises objetivas • texto finito	• apresentação multivocal de fatos e opiniões • estilo não-estandardizado • texto aberto	• discurso como meio de libertação provocador de transformações socioprofissionais • narrativas • texto dialético	• texto como pré-texto • narrativas • texto em co-construção
Dialógica (prof./inv.)	• consumismo	• aceitação/ apropriação ou rejeição das "mensagens"	• apropriação dos desafios à consciencialização e envolvimento na análise da sua ação	• assunção do seu papel na construção do conhecimento

Fonte: Isabel Alarcão, 1999.

Direi então que, em uma perspectiva teleológica, os positivistas consideram que a verdade descoberta pode ser replicada e aplicada. Defendendo a objetividade, apresentam os resultados de forma distanciada, objetiva e impessoal, em textos finitos e esperam dos seus receptores uma atitude de consumismo. Mais cautelosos, os pós-positivistas disponibilizam os seus resultados em textos mais abertos com apresentação de vários pontos de vista colocados à disposição da ressonância dos seus receptores.

A teoria crítica e os que a ela aderem assumem um papel mais interventivo. Consideram que a sociedade deve mudar e pretendem, através da análise dos problemas sociais e do discurso comunicativo, criar nos interlocutores condições de exercício de espírito crítico e de poder transformador.

Se o construtivismo, por sua vez, assume o caráter dinâmico da construção do conhecimento, é natural que os textos dos investigadores sejam textos em co-construção, espécie de pré-textos em um processo de desenvolvimento colaborativo.

TENDÊNCIAS EVOLUTIVAS NOS PARADIGMAS DE INVESTIGAÇÃO

Um segundo olhar lançado sobre os esquemas apresentados deixará identificar algumas tendências. As tendências, pelo seu caráter de desenvolvimento e continuidade, são representações cognitivas mais ao meu gosto, pois, embora me organizem o pensamento, não o tolhem em categorias espartilhadas.[1]

Em síntese, as tendências orientam-se para:

- uma concepção do homem como criador (para substituir uma concepção do ser humano como meramente reativo);
- a aceitação dos limites na representação cognitiva da realidade;
- o alargamento do âmbito da concepção de investigador;
- o diálogo, atento e respeitador, entre conhecimento erudito e conhecimento do senso comum;
- a investigação realizada em equipe;
- a divulgação de estudos em aberto, sem apresentação de conclusões;
- estudos contextualizados e aprofundados, do tipo estudos de caso em *close-up*;
- estudos sugestivos (ou propositivos contextualizados na expressão de Galisson, 1998);
- a análise dos discursos reais, das práticas profissionais e dos textos enquadradores;
- estudos de intervenção, de cariz acentuadamente prático, comprometidos com a ação;
- uma atitude construtiva implicada e não meramente de observação distanciada ou mesmo crítica;
- investigações de cunho cada vez mais ético-político;
- utilização de estilos de comunicação mais humanistas, com a interpenetração de gêneros e recurso a imagens, metáforas explicativas e exploração de modalidades multimédia;
- escritos de divulgação com vários níveis de profundidade, com vistas a uma maior acessibilidade por públicos mais diversificados;
- a descoberta de configurações gerais suscetíveis de acolher as especificidades e de meta-análises com contemplação de saberes particulares, em um diálogo construtivo entre o local e o global, o particular e o geral.

A EMERGÊNCIA DE UM NOVO PARADIGMA NA CONTINUIDADE DAS TENDÊNCIAS IDENTIFICADAS: O EXPERIENCIALISMO CRÍTICO

Contudo, percebo e pressinto na linha do que vem afirmando Tavares (1999), o aprofundamento da tendência para a conceitualização humanista da realidade na sua globalidade ecologicamente interativa e nas suas configurações para a aceitação da relação implicada da pessoa do investigador na representação da realidade, para a valorização de modalidades sensoriais de acesso ao conhecimento, para a ressubjetivação do conhecimento científico, para a valorização dos processos de meta-análise interpretativa e para a multiplicidade de formas comunicacionais na sua difusão.

Creio que esse paradigma emergente, ao qual chamarei experiencialismo crítico (Tabela 7.3), para acentuar a mediação do fator humano na investigação, a existência de redes de interação entre partes e todo, entre forma, função e substância, consciente e inconsciente, material e imaterial, particular e universal, já é visível ao nível da metanarrativa educacional.

Quando estava preparando a conferência que esteve na gênese deste capítulo, chegou-me às mãos o catálogo das edições do Teachers

Tabela 7.3 Paradigma Emergente

Paradigmas Questões	Experiencialismo Crítico
Ontológica	• reordenamento (a realidade "organicamente" construída) • aceitação do imaterial
Epistemológica	• transacional e subjetivista • os resultados visam à compreensão das interações entre o todo e as partes
Metodológica	• experienciada • crítica • interpretativa e meta-analítica • mediada pelo humano
Teleológica	• compreensão estruturante (percepção das interações estruturais) • estabelecimento de conexões e configurações
Dialógica (Inv./prof.)	• texto não-estandardizado, com recurso à multiplicidade de formas de expressão humana e ao multimídia
Dialógica (prof./inv.)	• Interpelação, co-construção

Fonte: Isabel Alarcão, 1999.

College para 1998-1999. Em uma das suas páginas, deparei-me com o seguinte título: *From Positivism to Interpretivism and Beyond. Tales of Transformation in Educational and Social Research (The Mind-Body Connection)*, sob a coordenação de Heshusius e Ballard (1996).

No resumo do livro, lia-se "Através da narrativa das experiências viscerais, emocionais e intelectuais dos investigadores, à medida que evoluem de modos positivistas de conhecimento para modos interpretativistas, os coordenadores e colaboradores neste livro, acentuam, através de relatos documentais pessoais, a importância do conhecimento somático e emotivo e ilustram como é que a natureza fundamental das mudanças paradigmáticas não é tanto intelectual, mas antes profundamente pessoal e política".

Podemos dizer que estamos diante das manifestações textuais da transgressão metodológica para que nos alertou Sousa Santos, em sua oração de sapiência proferida na abertura das aulas no ano letivo de 1985-1986, na Universidade de Coimbra, em Portugal. Afirmava o autor: "Em uma fase de revolução científica como a que atravessamos, essa pluralidade de métodos só é possível mediante transgressão metodológica. (...) A transgressão metodológica repercute-se nos estilos e géneros literários que presidem à escrita científica. A ciência pós-moderna não segue um estilo unidimensional, facilmente identificável; o seu estilo é uma configuração de estilos construída segundo o critério e a imaginação pessoal do cientista. A tolerância discursiva é o outro lado da pluralidade metodológica" (1991, p. 48-49).

CONSIDERAÇÕES FINAIS

Esta minha análise pode parecer clara e sistematizada, e eu posso ter dado a idéia de tranqüilidade epistêmica. Não a tenho. Antes pelo contrário. Se reconheço e aceito a complexidade da realidade e a dificuldade em dar sentido às suas manifestações, sinto na crescente pujança da investigação educacional uma esquizofrenia múltipla e alguma falta de coerência interna e externa.

São várias as manifestações de colisão, não sistematicamente explicada, entre estudos, fatos e opiniões, como continua a ser evidente a colisão entre investigação em educação e prática educativa, não obstante os grandes esforços que estão sendo feitos para ultrapassá-la.

Preocupa-me que as condições atuais da investigação em educação possam levar autores de indiscutível responsabilidade, como David Hargreaves (referido em Tooley, 1998), a afirmar que a investigação em educação não merece o dinheiro que consome, é de pouco valor e afastada da prática educativa.

É evidente que afirmações dessa natureza não se aplicam a todas as investigações e cada um de nós seria capaz de encontrar exemplos de estudos que não se enquadram no sentido desta afirmação. Mas serão estes a regra ou a exceção?

A atitude pós-modernista que ultimamente a tem influenciado tem contribuído fortemente para que ela assuma hoje muitos dos traços com que Slattery caracteriza o currículo:

> radicalmente eclético, determinado no contexto da relação, recursivo na sua complexidade, autobiograficamente intuitivo, esteticamente intersubjetivo, fenomenológico, experiencial, simultaneamente quântico e cósmico, cheio de esperanças na sua dimensão construtiva, radical no seu movimento de desconstrução, libertador nas suas intenções pós-estruturais, atribuidor de poder na sua espiritualidade, irônico nas suas sensibilidades caleidoscópicas e, em resumo, uma busca hermenêutica que nos motiva e satisfaz nos nossos percursos (1994, p. 266-267, tradução minha).

Não nego a verdade da última parte dessa descrição: "uma busca hermenêutica que nos motiva e satisfaz nos nossos percursos". Poderia subscrevê-la eu própria e a tenho testemunhado em várias investigações de orientandos meus. Essa idéia começa, aliás, a ser recorrentemente explicitada em teses de mestrado e doutorado. O sujeito investigador é um sujeito epistêmico que se desenvolve ao investigar. Sem dúvida, reconheço valor nesse experiencialismo individual, mas entendo que não devemos acomodar-nos a esse nível.

Não nego também que alguns desses traços vieram enriquecer a investigação em educação e libertá-la da sua subjugação a roupagens que não se coadunavam com a metodologia que serve o seu objeto de estudo. Penso, porém, e deixo aqui um apelo, que é hora de começarmos a construir sobre o construído, de sermos mais ambiciosos, mais sistematizados, menos individualistas, mais comprometidos com a educação como fenômeno social global, mais membros de um todo funcional que diz respeito a todos nós, mais membros de um só corpo: o corpo dos investigadores educacionais.

Passada a fase pós-modernista da desconstrução, é tempo de reconstruir, reorganizar, tornar as partes e dar-lhes a coerência desejada. E também tempo de sistematicamente divulgar, mostrar a obra produzida, ainda que esta esteja em construção. É urgente estabelecer conexões e configurações estruturadas e estruturantes que reordenem a compreensão do mundo em que vivemos, a sociedade incubadora das gerações que hoje educamos.

É tempo não só de reordenar a realidade, mas também de nos reordenarmos como corpo de investigadores, difusores do conhecimento e interventores na ação.

NOTA

1. A caracterização dos paradigmas apresentada deve ser entendida mais como um exercício de esclarecimento conceitual abstrato, esclarecedora das posições essenciais assumidas do que como uma moldura onde se encaixam as investigações realizadas. Os próprios autores, que claramente se posicionam no paradigma construtivista, advogam um diálogo entre paradigmas, convictos de que "o diálogo continuado entre proponentes de paradigmas de vários quadrantes proporcionará a melhor avenida para se caminhar para uma relação interativa e apropriada".

REFERÊNCIAS BIBLIOGRÁFICAS

CONSTAS, M.A. The changing nature of educational research and a critique of postmodernism. *Educational Researcher*, v.27, n.2, p.26-33, 1998.

GUBA, E.G.; LINCOLN, Y.S. Competing paradigms in qualitative research. In: DENZIN, N.K.; LINCOLN, Y.S. (eds.). *Handbook of qualitative research*. Thousand Oaks: Sage Publications, 1994. p.105-117.

HESHUSIUS, L.; BALLARD, K. (Eds.). *From positivism to interpretivism and beyond. Tales of transformation in educational and social research (the mind-body connection)*. New York: Teachers College Press, 1996.

SANTOS, B.S. *Um discurso sobre as ciências*. Porto: Edições Afrontamento, 1991. (1.ed. 1989.)

─────. *Introdução a uma ciência pós-moderna*. Porto: Edições Afrontamento, 1993. (1.ed. 1989.)

SLATTERY, P. *Curriculum development in the postmodern era*. New York: Garland Publications, 1994.

TAVARES, J. *Investigar, difundir e intervir em educação. O olhar de José Tavares*. Conferência no 1º Congresso CIDInE, em Ponta Delgada, Açores, Portugal, 11-12 de Fevereiro de 1999.

TOOLEY,J. (with D.DARBY). Education research: an offsted critique: a survey of published education research. *Research Intelligence*, v.65, p.10-11, 1998.